Liederkunde zum Evangelischen Gesangbuch

Im Auftrag der Evangelischen Kirche in Deutschland

gemeinschaftlich mit
Ansgar Franz, Gerhard Hahn, Barbara Lange,
Helmut Lauterwasser, Bernhard Leube und Bernhard Schmidt

herausgegeben von

Wolfgang Herbst und Ilsabe Seibt

Ausgabe in Einzelheften

Heft 18

Vandenhoeck & Ruprecht
in Göttingen

Verzeichnis der Mitarbeiterinnen und Mitarbeiter

Axmacher, Dr. Elke (s. Heft 2): 529 * *Bernoulli, Peter Ernst* (s. Heft 12): EG 322, 382 * *Egerer, Ernst-Dietrich* (s. Heft 10): EG 455 * *Franz, Dr. Ansgar,* Professor für Liturgiewissenschaft, Mainz/Bingen: EG 156 * *Görisch, Dr. Reinhard* (s. Heft 8): EG 414, 512 * *Hahn, Dr. Gerhard* (s. Heft 1): EG 202 T * *Henkys, Dr. Jürgen* (s. Heft 1): EG 281, 282 T * *Herbst, Dr. Wolfgang* (s. Heft 15): EG 216, 230 * *Lauterwasser, Dr. Helmut* (s. Heft 17): EG 202 M, 282 M * *Marti, Andreas* (s. Heft 7/8): EG 425 * *Monninger, Dorothea* (s. Heft 2): Redaktion * *Reich, Dr. Christa* (s. Heft 1): EG 156, 456 * *Schäfer, Dr. Christiane* (s. Heft 14): Hymnologische Nachweise * *Schmidt, Dr. Bernhard* (s. Heft 8): EG 175 * *Seibt, Dr. Ilsabe* (s. Heft 14): EG 207 * *Stalmann, Dr. Joachim* (s. Heft 1): EG 170, 196, 440 * *Wissemann-Garbe, Dr. Daniela* (s. Heft 15): Hymnologische Nachweise

Bibliografische Information der Deutschen Nationalbibliothek
Die Deutsche Nationalbibliothek verzeichnet diese Publikation in der Deutschen Nationalbibliografie; detaillierte bibliografische Daten sind im Internet über http://dnb.d-nb.de abrufbar.

ISBN 978-3-525-50341-6
ISBN 978-3-647-50341-7 (E-Book)

Satz: Satzspiegel, Nörten-Hardenberg
Druck und Bindung: Hubert & Co, Göttingen

Gedruckt auf alterungsbeständigem Papier.

156 Komm, Heiliger Geist, erfüll die Herzen

Text

Entstehung Nördlingen 1522, Erfurt 1525 **Vorlagen** Apg 2,1–11, Hld 8,6b, Eph 4,3 * Antiphon *Veni sancte Spiritus, reple*, 11.Jh. **Quellen** (a) *Von der Euangelischen Meß. Mit schönen Christlichen Gebetten vor vnd nach der empfahung des Sacraments.* (Caspar Kantz von Nördlingen), [Tübingen, 1524] * (b) *Kirchē ampt Deutsch vō der aufferstehūg Christi* [...], Erfurt 1525 (DKL 1525[16]) **Überschrift** (b) *Der gesang Veni sancte spiritus* **Liturgische Einordnung** Introitus, nicht nur für Pfingsten, sondern für alle Tage, an denen kein besonderer Eingangsvers vorgeschrieben war **Ausgaben** W I, 281 (lateinisch), HDEKM I/1,323 **Besonderes** Antiphon **Strophenbau** Prosa **Abweichungen** (a) 1,1 erfül*le*; 1,4 du *durch* Mannigfaltigkeit; 1,6 *Alleluja* (nur 1×) **Verbindung TM** in der Q ohne M

Melodie

Incipit 1-7b21-7b1_ **Entstehung** Die Melodie geht auf die Antiphon *Veni sancte spiritus, reple* aus dem 11.Jh. zurück, deren Melodie mit deutschem Text erstmals im Erfurter *Kirchen ampt* von 1525 erscheint. Diese Melodie wurde für das EKG überarbeitet (HEKG III/1,450) und in dieser Form ins EG übernommen. **Vorlagen** (a) Antiphon *Veni sancte spiritus, reple* (*Liber usualis*, Paris/Tournai/Rom 1950, S. 1837) * (b) s. o. Text/Quelle b **Quelle** EKG **Ausgabe** Vorlage b: DKL III/1.2 D18 **Ambitus** G: 8; Z: 355665 **Abweichungen** Bögen bei den Zweitongruppen; keine punktierten Noten am Ende von Z. 2 u. 4 **Verbindung MT** wie EG

Literatur

HEKG (Nr. 124) I/2,222f; III/1,450–453; Sb 201f * ThustB, 170 * DKL III/1.2 Textbd., 68 * EEKM I,804–806 * KLL II,5f * NELLE ³**1924**, Nr. 150 * SCHLUNK **1951**, 214f * RÖSSLER, Martin: Bibliographie der deutschen Liedpredigt, Nieuwkoop **1976**, 261 * KORTH, Hans-Otto: Art. Gemeindegesang, MGG², Sachteil 3 (**1995**) 1168 * RÖSSLERL **2001**, 52

Der Gesang geht auf eine lateinische Antiphon zurück, die zum ersten Mal im Quedlinburger Antiphonale aus der ersten Hälfte des 11.Jh. bezeugt ist; der liturgische Ort ist entgegen älterer Literatur nicht die Messe, sondern die sogenannte „Erste Vesper“ am Vorabend des Pfingstfestes (in vigilia pentecostes). Der lateinische Text lautet:[1]

> Veni sancte spiritus / reple tuorum corda fidelium / et tui amoris in eis ignem accende / qui per diversitatem linguarum / cunctarum gentes in unitatem fidei congregasti. / Alleluia. Alleluia.

[1] Vgl. Hartmut Möller, Das Quedlinburger Antiphonar (Berlin, Staatsbibliothek Preußischer Kulturbesitz Mus. ms. 40047), Teil 1: Untersuchungen; Teil 2: Edition und Verzeichnisse; Teil 3: Fotographische Wiedergabe; Tutzing 1990 (Mainzer Studien zur Musikwissenschaft Bd. 25, 1–3); die fotographische Wiedergabe der Antiphon in Teil 3, fol 83 v, Zeile 8.

Eine bereimte Übertragung der Antiphon findet sich in der Crailsheimer Schulordnung von 1480 und im Baseler Plenar von 1514. Auf dieser basieren sowohl die erste Strophe von Luthers dreistrophigem Lied *Komm Heiliger Geist, Herre Gott* (EG 125) als auch die Fassung der Antiphon im katholischen Gesangbuch Gotteslob (1975), Nr. 247, die beide lediglich sprachliche Modernisierungen der alten Bereimungen sind:[2]

> *Komm, Heiliger Geist, Herre Gott, / erfüll mit deiner Gnaden Gut / deiner Gläubigen Herz, Mut und Sinn. / Dein brennend Lieb entzünd in ihn'. / O Herr, durch deines Lichtes Glanz / zum Glauben du versammelt hast / das Volk aus aller Welt Zungen. / Das sei dir, Herr, zu Lob gesungen. / Halleluja, Halleluja.*

EG 156 geht dagegen zurück auf spätmittelalterliche Prosaübersetzungen der lateinischen Antiphon[3], die auch im reformierten Bereich tradiert wurden. Die unmittelbaren Quellen sind *Von der Evangelischen Meßß* von Caspar Kantz (1524) und die Erfurter Enchiridien (1525), in denen das Stück folgende Gestalt hat:[4]

> *KUm heyliger geyst / erfülle die hertzen deyner glaubigen / unnd entzunde in yn das fewer deyner götlichen liebe, der du durch mannigfaltigkeyt der zungen die volcker der gantzen welt versamelt hast ynn eynigkeyt des glaubens. Alleluja, alleluja.*

Nach Rudolf Köhler sind diese Antiphon und ihre Übertragungen „die gemeinsame Wurzel des gesamten christlichen Pfingstgesangs. Alle Pfingstgesänge der christlichen Kirchen, vor- und nachreformatorische, sind Derivationen, Ableitungen der Antiphon und gehen mittelbar oder unmittelbar auf diese zurück. Daraus erklärt sich auch die weitgehende Übereinstimmung in Form und Inhalt aller unserer Pfingstlieder."[5]

Tatsächlich sind Gesänge und Gebete zum Heiligen Geist in der Tradition der lateinischen Kirche erst relativ spät bezeugt. In den Orationen, den verlauteten Gebeten des Vorstehers, vermeidet es die Liturgie bis heute, den Geist direkt anzusprechen. Es wird *um* den Geist gebeten,[6] aber nicht *zum* Geist gebetet. Hier spiegelt sich das altkirchliche Bewusstsein, dass die Gläubigen im Geist zur Einheit versammelt durch Christus zum Vater beten;[7] nach Römer

[2] Im Baseler Plenar (1514), zitiert bei Philipp Wackernagel, Bibliographie zu der Geschichte des deutschen Kirchenliedes im XVI. Jahrhundert, Frankfurt 1855, 27, hat die Antiphon folgenden Wortlaut: *Kum heiliger geyst herre gott: erfüll unß mit deinen gnaden gut, deiner glaubigen hertz, mut und synn, inbrünstige lieb [e]ntzünd in ihn, der du durch deines liechtes glast, in einen glauben gesamlet hast, das volk auß aller welt und zungen, das sey dir lieber herr zu lob und eer gesungen. Alleluja alleluja.*

[3] Vgl. Philipp Wackernagel, Martin Luthers geistliche Lieder, Stuttgart 1848, 143.

[4] Zitiert bei ebd., WA 35,66 und KLL II,5f.

[5] Rudolf Köhler, HEKG 1/2, 222.

[6] Klassisch etwa in den altkirchlichen Eucharistiegebeten, wo es in der an den Vater gerichteten Bitte (Epiklese) heißt: „Auch bitten wir dich, deinen Heiligen Geist auf die Gaben deiner heiligen Kirche herabzusenden ..." (Traditio Apostolica 4 [Fontes Christiani 1,277 Geerlings]).

[7] Vgl. etwa den traditionellen Schluss der Messorationen: „Darum bitten wir (dich, Vater,) in

8,26f ist es ja der Geist selbst, der für die Gläubigen eintritt, damit sie in rechter Weise zum Vater beten können. Erst in der umfangreichen karolingischen Gebetsliteratur, die auffallend stark um das Mysterium der Dreieinigkeit kreist, werden die einzelnen göttlichen Personen direkt angesprochen (etwa „Rogo te, Pater, deprecor te, Fili, obsecro te, Spiritus sancte") und entstehen eigene Gebete zum Heiligen Geist;[8] ab dem 11. Jh. findet sich die Anrede an den Heiligen Geist, wie unsere Antiphon zeigt, dann auch in den Gesängen der Liturgie.

Der Text der lateinischen Antiphon und seiner Prosaübersetzung, wie sie in EG 156 vorliegt, ist deutlich zweigeteilt. Teil 1: *Komm, Heiliger Geist, erfüll die Herzen deiner Gläubigen und entzünd in ihnen das Feuer deiner göttlichen Liebe* ist gekennzeichnet durch drei Imperative und stellt eine geistreiche poetische Verdichtung der Pfingsterzählung dar, wobei die lateinische Version auch sprachlich unverkennbare Anklänge an die Vulgata-Fassung von Apostelgeschichte 2 hat.[9] Die Deutung der Feuerzungen als Ausdruck der göttlichen Liebe geschieht über die Vermittlung von Hohelied 8,6b, wo die Liebe als *feurige Glut* und *Flamme des Herrn* charakterisiert ist. Das Herz (im biblischen Sprachgebrauch nicht nur der Sitz der Emotionen, sondern auch der Erkenntnis) als Ort der Aufnahme des Geistes ist ein verbreiteter Topos, wie er sich etwa in Psalm 51,12 (*Schaffe in mir, Gott, ein reines Herz, und gib mir einen neuen, beständigen Geist*) und Römer 5,5 (*denn die Liebe Gottes ist ausgegossen in unsre Herzen durch den heiligen Geist, der uns gegeben ist*) findet. – Dieser erste Teil der Antiphon wird in der liturgischen Tradition auch separat (ohne Teil 2) überliefert; im Missale Romanum von 1570 bildet er in Kombination mit Psalm 104 (103),30 (*Sendest du deinen Geist aus, so werden sie alle erschaffen, und du erneuerst das Antlitz der Erde*) den Hallelujavers vor dem Evangelium am Pfingstsonntag sowie den Hallelujavers in der Votivmesse zum heiligen Geist.[10]

der Einheit des Heiligen Geistes durch Christus unseren Herrn" und des Eucharistiegebetes: „Durch ihn (Christus) und mit ihm und in ihm ist dir, Gott, allmächtiger Vater, in der Einheit des Heiligen Geistes (d. h. in der aktuellen liturgischen Versammlung der Getauften) alle Herrlichkeit und Ehre ..."

[8] J. A. Jungmann, Christliches Beten in Wandel und Bestand, Freiburg u. a. 1991, 77–79.

[9] Vgl. Apg 2,1–4: „et cum complerentur dies pentecostes erant omnes pariter in eodem loco et factus est repente de caelo sonus tamquam **advenientis spiritus** vehementis et **replevit** totam domum ubi erant sedentes et apparuerunt illis dispertitae linguae tamquam **ignis** seditque supra singulos eorum et **repleti** sunt omnes **Spiritu Sancto**." (Und als der Tag des Pfingstfestes gekommen war, waren alle einmütig an demselben Ort. Und es entstand plötzlich vom Himmel herab ein Brausen, gleich dem eines daherfahrenden gewaltigen Windes, und erfüllte das ganze Haus, wo sie saßen. Und es erschienen ihnen geteilte Zungen wie von Feuer, und es ließ sich auf einen jeden von ihnen nieder.)

[10] Als „Votivmesse" bezeichnet man seit dem frühen Mittelalter eine Messe, die mit Rücksicht auf einen bestimmten Anlass oder Wunsch der Gläubigen gefeiert wird (lat. „votum" = Gelübde, Anliegen). – Noch einmal textlich reduziert auf „Veni, sancte spiritus, tui amoris ignem accende" ist der Hallelujavers des Missale in Taizé zu einem Meditationsgesang vertont worden.

Teil 2 der Antiphon verbindet – die Formgesetze römischer Gebetssprache aufgreifend – durch ein Relativpronomen die Anrufung des ersten Teils (*Komm, Heiliger Geist*) mit einem anamnetischen Lobpreis: *der du in Mannigfaltigkeit der Zungen die Völker der ganzen Welt versammelt hast in Einigkeit des Glaubens. Halleluja, Halleluja.* In charakteristischer Weise wird hier das „Sprachenwunder" in Apostelgeschichte 2 mit der „Einigkeit im Geist" aus Epheser 4,3 verknüpft. Das Vorbild hierzu dürfte eine altkirchliche Pfingstpräfation liefern, die dem Turmbau zu Babel (1. Mose 11) den Bau der Kirche entgegensetzt, bei dessen Errichtung die verschiedenen Sprachen der Völker nicht nur kein Hindernis darstellen, sondern vielmehr eine Förderung der Einheit:

> In Wahrheit ist es würdig und recht, billig und heilsam, immer und überall dir Dank zu sagen, Herr, heiliger Vater, allmächtiger, ewiger Gott (...) denn wir halten dafür, daß der werdenden Kirche nichts Erhabeneres geschenkt werden konnte, als daß in allen Sprachen die Verkündigung deiner Frohbotschaft im Munde der Gläubigen erschalle, damit sowohl jener Strafspruch, welcher der Errichtung des Hochmut-Turmes mit Fug und Recht folgte, gelöst werde, als auch die Verschiedenheit der Sprachen dem Bau der Kirche nicht nur kein Hindernis sei, sondern vielmehr seine Einheit fördere, durch Christus unseren Herrn.[11]

Es ist wohl eine bewusste Entscheidung Martin Luthers gewesen, dass er sich 1524 mit seinem deutschen Lied *Komm, heiliger Geist, erfüll die Herzen deiner Gläubigen* nicht an die mittelalterliche deutsche Prosafassung der lateinischen Antiphon – und damit an deren gregorianische Singweise – anschloss, sondern an die gereimte Strophe – und damit an die Liedform. Luther kannte und achtete die Eigenart seiner „lieben deutschen Sprache": Betonung und Sinn fallen im Deutschen bereits in der Einzelsilbe zusammen. Erhalten Silben, die eigentlich unbetont sind, durch Prägung und Verlauf einer Melodie unzulässige Betonung, dann entsteht im Singen eine gewisse Fremdheit zwischen den Worten und der Musik.

An anderen Orten ging man im Fall der vorliegenden Antiphon schon früh anders vor als Martin Luther: So bringen z. B. das Kirchenamt Erfurt 1525[12] (von Thomas Müntzer beeinflusst), ebenso wie Michael Weißes Gesangbuch von 1531 je eigene deutsche Prosafassungen des Gesangs, die sich an den Melodieverlauf, insofern auch an die Einzeltöne der entsprechenden Ligaturen und Melismen (der Neumen) der Melodievorlage halten. Das Straßburger Gesangbuch von 1560 (DKL 1560[12]) meldet stolz, die Verdeutschung sei „fein eigentlich in gleiche zal der noten/ mit dem Lateinischen zutreffend/ geordnet". Dadurch enthalten viele unbetonte Silben eine Längung. Das Ergebnis kann dann sein, dass sich, anders als beim doch eher vertrauten Liedgesang, bei musikalisch nicht so sehr Geübten der Eindruck einstellt: Das ist eine besondere Weise des Singens, das ist ein „liturgischer" Gesang. Meist bedeutet dies: Hier muss irgendwie andächtig, jedenfalls nicht sehr lebendig gesungen werden.

[11] Lateinischer und deutscher Text bei P.A. Dold, Sursum Corda. Hochgebete aus alten lateinischen Liturgien, Salzburg 1954, 166f.

[12] HDEKM I/1, Nr. 323.

Martin Luthers spätere Gesangbücher beschränken sich nach wie vor auf die dreistrophige Liedform. Und wie selbstverständlich wurde sein Lied als Pfingstlied eingeordnet. Dagegen hat der deutsche Prosagesang sehr früh eine besondere Bedeutung und über die Jahrhunderte hinweg auch eine besondere Stellung erhalten: In vielen Gesangbüchern war er die Eröffnung des ganzen Buches. Schon im Erfurter Kirchenamt 1525 lautet die Überschrift „Eine Antiphon vom Heiligen Geist, welche man für einen jeglichen Introitus singen mag". Mag man hier das Wörtlein „für" noch im Sinne von „vor" deuten, so ist 1545 im Gesangbuch Spangenberg bereits deutlich, dass dieser Gesang, zumindest an den „gemeinen Sonntagen", den Introitus ersetzen kann und zu Beginn des Gottesdienstes gesungen werden soll. Mehrstimmige Sätze „für Kirche und Schule" (z. B. Bartholomäus Gesius 1607/ Moritz Landgraf von Hessen 1612) weisen ihn zunächst einem Chor zu, aber im Laufe der Zeit wird die Antiphon zum Gemeindegesang. So begegnet er im 17. und im 18. Jh. in vielen Gemeindegesangbüchern als „Nummer 1" in der Rubrik „Zu Anfang/ zu Beginn des Gottesdienstes" – und hier besonders deutlich im Raum von Hessen und angrenzenden Gebieten.[13] Auch im 19.[14] und noch im ersten Drittel des 20. Jh.[15] gibt es dafür Beispiele. Dieser Gesang wird für die Gemeinde, die sich versammelt hat, zum Tor, durch das sie geht, wenn sie Gottesdienst feiern will.

Das EG gibt an, dass die aus dem 11. Jh. (im 8.Ton stehende) Melodie „wiederholt bearbeitet" worden sei. Sie hat im Laufe der Jahrhunderte immer wieder Veränderungen erfahren: Neuverteilung der deutschen Silben auf die Töne, leichte Rhythmisierung, Einfügung von Leittönen, auch von Pausen zwischen den Verszeilen, schließlich auch der Versuch, die ganze erste Zeile als Ruf syllabisch zu konzipieren. Nur selten ist versucht worden, den offensichtlichen Problemen des Miteinanders von Sprache und Musik zu entgehen und eine ganz neue Melodie zu schaffen.[16]

Die Bearbeiter des EKG hatten sich, anders als die Herausgeber der Vorgängergesangbücher, für eine Art Choralnotation entschieden und so bereits optisch deutlich gemacht, dass hier sinnvoller Sprachfluss über Länge oder Kürze der Töne entscheidet. Der ganze Gesang ist jetzt fast durchweg syllabisch gestaltet; die alten mehrtönigen Neumen sind entfallen, es gibt, abgesehen vom Hallelujaruf, nur an zwei Stellen eine kleine Ligatur. So kann sich nun jeder Satz als ein Melodiebogen entfalten. Anders als Luthers Pfingstlied, das in der Höhe einsetzt und immer wieder die Höhe, also die Hochgestimmtheit, sucht und vermittelt, bleibt die Melodie dieser Antiphon im ersten Teil eher verhalten, dem Gestus der Bitte entsprechend, weitet sich nur zögerlich nach oben hin und gewinnt erst im zweiten Teil durch die fast wörtliche Wiederholung jener

[13] Großes Cantional Darmstadt 1687 (DKL 1687[01]); Marburg 1722 (DKL 1722[04]); aber auch Nassau-Oranien 1751(DKL 1751[08]); Hessen-Darmstadt 1780; Cassel 1773 (DKL 1773[06]); Hanau 1787 (DKL 1787[07]); Frankfurt 1791.

[14] Cassel 1860; Hessen 1879; Frankfurt 1886; Nassau 1887.

[15] Frankfurt 1907; Cassel 1920; Nassau-Hessen 1936.

[16] Zahn V,8596 und 8597.

Zeilen, die zur Quinte über dem Grundton führen, an Lebendigkeit und an Helligkeit. Aber der zweifache Hallelujaruf am Ende ist nicht melodische Steigerung oder Krönung - er führt zurück, zunächst den ganzen Raum des alten „8. Tons“ auskostend, bis hinunter zur Unterquart, dann, auf dem Umweg über einen Quintsprung nach oben hinauf zum Grundton - quasi bestätigend; zugleich aber entsteht im Singen dabei auch leicht der Eindruck eines „offenen Endes“.

Ob es sinnvoll war, im EG die überlieferte Textfassung beizubehalten und dabei die alte Zeileneinteilung der lateinischen Melodie auch in der deutschen Fassung durch Zeilenendungsstriche deutlich zu machen, ist fraglich: Dadurch entsteht geradezu zwangsläufig ein großes Atemholen zwischen den Worten *Völker* und *der ganzen Welt.* Möglicherweise hat man sich gescheut, die in vielen kurhessischen Gemeinden bis heute verbreitete Praxis, die alte Antiphon zu Beginn des Gottesdienstes auswendig und im Stehen zu singen, durch neuere Änderungen zu stören. Jedenfalls haben die Herausgeber des EG die Fassung des EKG übernommen, haben lediglich im Druck noch deutlicher gemacht, dass Ligaturen nicht zwei Töne „gleichberechtigt“ miteinander verbinden, sondern diese in einer einzigen musikalischen Geste zusammenbinden. Immer noch spiegelt das melodische Material die ursprüngliche lateinische Weise zur alten Antiphon wider, die in der Tradition unter dem Hinweis „ad invocandum spiritum sanctum“ steht. Gezeichnet ist die Melodie der deutschen Fassung vom Gang durch die Jahrhunderte. Nicht viele Gesänge im EG haben einen solch langen und solch vielfältigen Weg hinter sich. Vielleicht wird so diese Antiphon zum Weckruf, der darauf hinweist, dass gerade diese Bitte um den Heiligen Geist, die der zum Gottesdienst versammelten Gemeinde in den Mund gelegt wird, durch die Jahrhunderte hinweg immer noch etwas von einem gemeinsamen Klang der Christenheit bewahrt hat. Solche alten Klänge, die alte Worte transportieren, sind liebevoll zu pflegen, wenn sie lebendig bleiben sollen. Dann können sie auch zu einer Frage an die Heutigen werden.

Das EG/ Ausgabe Kurhessen-Waldeck druckt die landeskirchliche Gottesdienstordnung ab und benennt, ganz im Sinn der in Hessen seit Jahrhunderten üblichen Ordnung, die alte Antiphon als Gesang zum Beginn des Gottesdienstes. Und: In diesem Gesangbuch steht der erste Satz dieses Gesangs zudem auf dem ersten Innentitelblatt: Klingendes Tor zum Gottesdienst der Gemeinde, zum gemeinsamen Gebet der Kirche.

Ansgar Franz / Christa Reich

170 Komm, Herr, segne uns

EG 170 (GL Diözesan-Anh.) RG 343+ KG 147+ CG 503+ EM 503

Text

Verfasser Dieter Trautwein **Entstehung** s. Kommentar **Quelle** *Lieder zum Kirchentag. Liederheft zum 18. Deutschen Evangelischen Kirchentag,* Nürnberg 1979 **Ausgabe** Dieter Trautwein, Neue Lieder aus drei Jahrzehnten, München 1992, Nr. 84 **Strophenbau** 5/3x 6/3a-, 5/3x 6/3a-, 5/3b 6/3c- 6/3c- 5/3b **Abweichung** 4. Strophe (Wiederholung der 1. Strophe) fehlt **Verbindung TM** wie EG

Melodie

Incipit 1__-5__ 1_2_3__ 4_3_2_1_ 2__1__ **Verfasser** Dieter Trautwein **Entstehung** s. Kommentar **Quellen** s. Text **Ausgabe** s. o. **Ambitus** G: 8; Z: 7(7)75 **Abweichungen** EM: in F-Dur, mit 4st. Satz (Karl-Heinz Saretzki 1982) **Verbindung MT** s. Entstehung * *Komm, Herr, binde doch nach des Wahnsinns Flammen* (Dieter Trautwein) in: Die Zeit ist reif, hg. v. Peter Janssens, Telgte 1981; auch in: ZGP 1 (1983) H. 1, 34

Literatur

HEG II,327–329 * ThustB, 176f * ÖLK Lfg. 4 * TRAUTWEIN, Dieter: Das neue Lied. Erprobt, bewährt. Berichte, ZGP 1 (**1983**) 30–34 * JENNY, Markus: Ein neues Lied singt sich ein, NSK **1986**/1, 2–5 * EGLIN, Arthur (Red.): Bemerkungen zu einem neuen Kirchenlied, Bläserkreis, 29 (**1987**) H. 1, abgedruckt in: NSK **1987**/3, 29–31 * KORNEMANN, Helmut in: NSK **1990**/2, 31f * MEYER ²**1997**, 26.301f.309–312 * MARTINI, Britta: Komm, Herr, segne uns. Ein sprachwissenschaftlicher Essay, in: Stil und Stilwandel, hg. v. Ulla Fix/Gotthard Lerchner. FS Bernhard Sowinski zum 65. Geburtstag, Frankfurt/M. **1996**, 301–318 [gleicher Aufsatz ohne Vorüberlegungen und Bibliographie: IAHB 24 (**1996**) 385–399] * REESE, Günter: Zwischenruf, NSK **1996**/4, 17f * MARTINI, Britta: Komm, Herr, segne uns – EG 170, in: Kirche klingt. 77 Lieder für das Kirchenjahr, hg. v. Jochen Arnold/Klaus-Martin Bresgott, Hannover **2011**, 180–183 * BETZ, Susanne/HILT, Hans/LEUBE, Bernhard (Hg.): Unsere Kernlieder. Werkbuch zur Arbeit mit Kindern, Jugendlichen und Erwachsenen, München **2011**, 65–69

Nur wenige der neuen geistlichen Lieder seit 1960 sind so weit verbreitet und so viel gesungen worden wie dieses. Zahlreiche Schwächen und Schwerfälligkeiten sind gegen Autor und Benutzer ins Feld geführt worden. Das dürfte so wenig fruchten wie seinerzeit die Kampagne gegen Lieder des 19. Jh., die inzwischen wieder im Gesangbuch zu finden sind. Das Lied ist in vielen Gemeinden einfach angekommen.

Dieter Trautwein, Autor des Textes wie der Melodie, hat sich zu Absicht und Entstehung ausführlich geäußert (Meyer, 301f). Danach stand am Anfang nicht der Text, sondern die Melodie. Für einen Reformationsgottesdienst 1978 suchte Trautwein nach einem Schlusslied, das zum Predigttext Offenbarung 7,9–17 passen sollte. Er fand es im katholischen Gesangbuch „Gotteslob“ unter der Nr. 568: *Komm, Herr Jesu, komm,/ führ die Welt zu Ende,/ dass der Tränenstrom / sich in Freude wende.* Aber dessen Melodie schien ihm für die Gemeinde zu schwer. Daher schuf er dazu „eine leicht mitsingbare Melodie“. Die wiederum gefiel seiner Frau so gut, dass sie ihm riet, zu seiner Melodie einen neuen, wiederholbaren Schlussgesang zu dichten. „Freilich so, dass die schon vorhandene Melodie den Strophen den Weg bahnte.“ Er widmete das Lied seiner Mutter zum 75. Geburtstag. Beim Nürnberger Kirchentag 1979 sang man es als Schlusslied. Schnell verbreitete es sich in den Gemeinden. Es wurde Trautweins wohl beliebtestes und zugleich meistumstrittenes Lied.

Im Gottesdienst hat die Bitte um den Segen ihren Platz vor (nicht nach!) dem Segen. Dieser Segen ist der legitime Schlusspunkt eines christlichen Festes. Unser Lied wiederholt die Anfangsstrophe als Schlussstrophe, um unmittelbar zum liturgischen Segen zu führen.

Komm, Herr, segne uns! Da die zweite Zeile (*dass wir uns nicht trennen*) eindeutig auf eine Situation am Schluss eines Gottesdienstes oder einer Gemeindeversammlung deutet, kann man fragen, wieso Gott erst jetzt um sein Kommen gebeten wird, nachdem wir doch schon mehr oder weniger lange „in seinem Namen versammelt sind“. Es wird aber vorausgeblickt auf die Situation nach dem Gottesdienst, im Alltag des Lebens. „Komm auch da zu uns!“ Eine Segensbitte ist zugleich pfingstliche Bitte um Gottes Geist. Sein Kommen wird erbeten nun auch für den Alltag. Die Bezeichnung „Epiklese“ umschließt beides: Bitte um Segen und Geisterfüllung.

In der 1. Strophe wird die Segensbitte mit einer zweifachen Erwartung verknüpft: … *dass wir uns nicht trennen,/ sondern überall uns zu dir bekennen.* Ist das denn aber ein Gegensatz? Auf den ersten Blick nicht. Könnte ich mich doch von Menschen trennen und trotzdem zum *Herrn* bekennen! Kann ich das aber wirklich? Hier wird offenbar in einem besonderen Sinne von *trennen* und *bekennen* geredet: Wenn Christen sich zu Christus bekennen, dann können sie sich nicht ernstlich trennen, wenn sie am Ende eines Gottesdienstes auseinandergehen – so wenig wie in politischen, in Glaubensfragen oder Frömmigkeitsstilen. Trennungen sind in diesem Leben (und Sterben) unvermeidlich. Aber sie verlieren ihre Verlorenheit, ihre Endgültigkeit unter dem Segen und der Gegenwart Gottes, wo wir uns zu ihm bekennen und darin eins werden.

Wieso wird aber die Segensbitte, der doch auf Seiten des Menschen ein reines Empfangen entsprechen müsste, in einem Final- oder Folgesatz weitergeführt? Auch wenn wir auf Gottes Segen und Geist angewiesen bleiben, so ist doch menschliches Tun nicht einfach deren automatische Folge. Wir können Gott nicht für unsern Gehorsam oder Ungehorsam verantwortlich machen. Dieses Missverständnis könnte sich hier nahelegen, freilich nur, wenn die Gebetshaltung des Liedes (Epiklese – siehe oben) innerlich verlassen würde. Dabei ist der Beginn des Liedes doppeldeutig: *Komm, Herr, segne uns,/ dass wir uns nicht* – von dir – *trennen*? Auch dieser Sinn ist denkbar, ein Doppelsinn möglicherweise beabsichtigt.

Als weitere Folgen des erbetenen Segens werden in der zweiten Strophenhälfte der Ausschluss von Einsamkeit (*Nie sind wir allein,/ stets sind wir die Deinen*) und Gottes heilvolle Gegenwart in Freud und Leid aufgezählt (*Lachen oder Weinen / wird gesegnet sein*). Auch hier überwiegt der seelsorgerliche Aspekt: Abschiedsschmerz und Zukunftsangst etwa an einem Sarge oder auch ein Grundgefühl von Bedrohtheit und Verlassenheit sollen Trost und Ermutigung erfahren. Es ist eine beliebte, aber nicht ganz faire Methode der Kritik an neuen geistlichen Liedern, ihren Sinn stellenweise wörtlich zu überspitzen, hier z. B., als läge eine pathologische Furcht vor zeitweiligem Alleinsein vor. Dann müsste man gerechterweise auch Gerhard Tersteegen so missverstehen, wenn er dichtet: *lass uns nimmermehr allein* (EG 252,8). Es geht letztlich um den Gedanken der Gott-Verlassenheit, wie aus der nächsten Zeile hervorgeht: *Stets sind wir die Deinen.* Diese Zuversicht wird unmittelbar zum Trost in Freud und Leid (*Lachen oder Weinen*). Da mag Römer 8,31–39 in kleine Münze umgeprägt, aber auch manchem neu erschlossen worden sein. Bereits die Anfangs- (und Schluss-)Strophe verknüpft also die Segensbitte mit einer vierfachen Erwartung: beieinander bleiben; sich zu Gott bzw. Christus bekennen; nie (mehr) allein sein; in Freud und Leid getröstet (*gesegnet*) werden.

Diese Motive werden in den folgenden beiden Strophen noch vermehrt:

Die 2. Strophe hat einen einheitlichen Gedanken: Segen kann man nicht für sich behalten. Man muss ihn teilen, aus-teilen. Der Vorwurf der Gesetzlichkeit (die klassische Paulus-Jakobus-Kontroverse) ist gewiss überzogen. Was hier an Appell herauszuhören ist, gehört (dogmatisch gesehen) in den Bereich der Heiligung als Frucht der Rechtfertigung. Gottes Segen kann und will unter uns nicht ohne Folgen bleiben. Man mag an das Gleichnis vom Schalksknecht denken (Mt 18,23–35) oder an 1. Petrus 4,10: *Dient einander, ein jeder mit der Gabe, die er empfangen hat ...!* Das wird erläutert durch Konfliktlösen und Friedenstiften: *Lieben und Verzeihn.* Die zweite Zeile ist oft kritisiert worden. Wieso *müssen wir nicht sparen*? Und: Was gibt Gott reichlich? Wir assoziieren zunächst äußere Güter, Freigabe des Lebensgenusses (*müssen wir nicht sparen*). Die Fortsetzung klärt aber, dass es um die Gabe der Liebe und Vergebung Gottes geht, die wir dankbar zu empfangen, aber auch weiterzugeben haben. Das ist schon in Ordnung. Aber das Lied leidet an einer gewissen Überfülle stichwortartig angesprochener Motive und Assoziationen, die mangels Entfaltung und Konkretion doch etwas klischeehaft wirken: z. B. *Lieben und Verzeihn* gehören dazu, wenn nicht deutlich wird, welcher *schlimme Schaden* denn zu *heilen* ist, indem *wir alles teilen.* Aber möglicherweise denken wir hier zu einseitig rational. Denn Umfragen zeigen, dass das Lied als offen erlebt wird für das, was den Einzelnen bewegt, und dass eben dies als hilfreich empfunden wird.

Mit dem Schluss der zweiten Strophe ist das Stichwort für Strophe 3 gegeben. Der *Friede* ist wesentlicher Inhalt jedes Segensspruchs (vgl. den aaronitischen Segen nach 4. Mose 6,26 und die zahlreichen Schalom-Grüße im Alten und Neuen Testament). Friede ist Gabe und Aufgabe zugleich, d. h. als Gabe wird er uns zur Aufgabe. Insofern bleibt die dritte also im Duktus der zweiten

Strophe. Das wird mit einem - sperrigen - Bild entfaltet: Wir können Frieden *erspähen*, er liegt gleichsam in den Alltagssituationen verborgen bereit, er will ergriffen, „getan" werden. Das erscheint jedenfalls konkreter als die Rede von den „Friedenschancen".

Anscheinend beabsichtigte Trautwein eine Kombination von Psalm 126,5, *Die mit Tränen säen, werden mit Freuden ernten*, mit Stellen wie Hebräer 4,9f, *Es ist noch eine Ruhe vorhanden für das Volk Gottes. Denn wer zu Gottes Ruhe gekommen ist, der ruht auch von seinen Werken so wie Gott von den seinen.* Was soll gelten: Ernten oder ausruhen? War das „nur" der Reimzwang? Eine solche waghalsige Kombination zweier Bibelworte nimmt jedem einzelnen die Spitze und verstößt so gegen eine Grundregel evangelischer Kirchenlieddichtung.

Die Melodie des Dichter-Komponisten gibt sich als schlichte Volksweise in der für das klassische Kirchenlied typischen Strophenform des „Bars": Die Textzeilen 1 und 2 werden melodisch gleich gesungen (Aufgesang mit zwei Stollen); es folgt ein Abgesang, der im vorliegenden Fall den Aufgesang zugleich abwandelt und weiterführt. Wenn man an die rhythmisch-melodische Kompliziertheit vieler Melodien neuer geistlicher Lieder der Sechziger- und Siebzigerjahre denkt, die eher für solistischen Vortrag als für Gemeindegesang bestimmt scheinen, so möchte man hier geradezu von einer Rückkehr zum Gemeindegesang sprechen.

Eine einfach-klare Dur-Tonalität arbeitet harmonisch mit Tonika, Dominante, Subdominante und deren Parallelen. Besonders tritt die Oberquarte (Subdominante) *c'* hervor, die als Gegenpol zur Tonika *g* die Dominante *d* zurückdrängt. Die beiden Stollen beginnen und enden mit je zwei halben Noten. Im Aufgesang wird der Melodieverlauf durch die Übereinanderschichtung zweier Quarten geprägt (*d-g, g-c'*), vgl. z.B. EG 341 *Nun freut euch, lieben Christen g'mein.* Der doppelte Quartsprung zu Anfang entspricht der Aufforderung des Textes: *Komm, Herr ...!* Er wird in Stufenmelodik zur Oberquarte und wieder zurück geführt. Daraus ergibt sich der Tonumfang einer Septime um den Grundton herum (plagaler Modus). Erst der zweite Teil (Abgesang) überhöht den Tonraum zu Anfang und Schluss bis zur Oberquinte *d'.* Aber auch hier spielt das *c* die Hauptrolle, im 10. Takt sogar als ganze Note (vgl. Joachim Neanders Melodie zu *Wunderbarer König* (EG 327) in der seit dem EKG üblichen Verdopplung der Notenwerte). Die erste Hälfte des Abgesangs variiert den Aufgesang: Sie transponiert die Quarte des Anfangs um eine Quinte, die aufsteigende Linie nur um einen Ton höher, den absteigenden Tetrachord einen Ton tiefer, die abschließenden zwei Halben werden umgekehrt. Die neu eingeführte Anfangspunktierung eröffnet auch die 2. Hälfte des Abgesangs, die eine weitere Abwandlung des Beginns bietet: Hier wird ohne Quartsprung mit der aufsteigenden Skala begonnen (vgl. Takt 2f) und in die absteigende Skala (vgl. T. 3) die Oberquinte eingefügt. Damit erzielt die Weise eine starke Schlusswirkung.

Sicherlich ist es für ungeübte Sänger schwierig, die ganze Note *c"* ohne Spannungsverlust richtig auszuhalten - in drei von vier Fällen auch noch auf den Diphthong *ei*! Man darf die Melodie jedenfalls nicht zu langsam singen

(Alla breve-Takt!). Andererseits darf man sie auch nicht wie ein Marschlied singen, wenngleich der Anfang an *Auf, du junger Wandersmann* erinnern könnte. Es ist eine ruhig schwingende Melodie, und sie sollte so auch gesungen werden.

Die eingängige Klarheit der Melodie, die das Gefühl anspricht, ohne in Sentimentalität zu verfallen, dürfte - wie so oft bei erfolgreichen neuen geistlichen Liedern (vgl. *Herr, deine Liebe ist wie Gras und Ufer* in den meisten Regionalteilen des EG) - wesentlich zum bisherigen Erfolg des Liedes beigetragen haben. Sie hilft auch über dichterische Stolpersteine hinweg, zumal im Text Töne und Gedanken intoniert wurden, die so im Gesangbuch bisher nicht vorkamen, obwohl sie einem ausgeprägten Bedarf an Trost und Ermutigung entsprechen. Das Lied Trautweins hat sich eine starke Position in der Gottesdienst- und Gemeindepraxis erobert, allerdings in starker Konkurrenz zum folgenden Lied *Bewahre uns Gott.* Zu beachten ist, dass die Segensbitte (*segne uns!*) dem liturgischen Schlusssegen nur vorausgehen kann.

JOACHIM STALMANN

175 Ausgang und Eingang

EG 175ö RG 345ö+ KG 146ö+ EM 446ö CG 507ö+

Text

Verfasser Joachim Schwarz **Entstehung** 1962 zu einem Singetag in Berlin **Quelle** *Sing mit II. 102 Lieder und Kanons für Fahrt und Freizeit, Zeltlager und Heimabend* (hg. Herbert Beuerle), Gelnhausen/Berlin 1964 **Strophenbau** 5/$\underline{2}x_1$- 5/$\underline{2}$a- 5/$\underline{2}x_2$- 5/$\underline{2}$a- **Verbindung TM** wie EG

Melodie

Incipit 1__2_3_4__3__ **Verfasser** Joachim Schwarz **Entstehung** 1962 **Quelle** s. o. **Besonderes** Kanon **Ambitus** G: 8; Z: 4436(4436) **Verbindung MT** wie EG * Going and coming (engl.: Dieter Trautwein 1974; EM) * Que je m'en aille (frz.: Roger Trunk 1980; RG und EM) * Ida e volta (port.: Helmut Renders 2000; EM) * Fin ed entschatta (räteromanisch: Gion Gaudenz und Gisula Tscharner 1994/1998; RG) * Pří chod i odchod (tschechisch: Tadeus Sikora) * Wyjście i wejście (polnisch: Tadeus Sikora) * Salir y entrar (spanisch)

Literatur

HEG II, 291f mit Ergänzungen in JLH 38 (1999) 261 * ThustB, 178 * HANDT, Hartmut: Ausgang und Eingang (EG 175) / Ich heb mein Augen sehnlich auf (EG 296), WEG IV (**1997**) 46–49 (Liedandacht) * MEYER ^{2}**1997**, 264–268 * RÖSSLERL **2001**, 989 * HANDT, Hartmut: Liedandacht zu *Ausgang und Eingang*, in: HANDT, Hartmut/JETTER, Armin (Hg.): Voller Freude. Liedandachten zu den Sonntagen und Festen des Kirchenjahres und zu besonderen Anlässen, München **2004**, 46–48 * BETZ, Susanne/HILT, Hans/LEUBE, Bernhard (Hg.): Unsere Kernlieder. Werkbuch zur Arbeit mit Kindern, Jugendlichen und Erwachsenen, München **2011**, 69–74

Der Kanon *Ausgang und Eingang* ist der bekannteste Gesang des Diakons, Kirchenmusikers und Komponisten Joachim Schwarz (1930–1998). Schwarz schrieb den Kanon im Jahre 1962, als er Landesjugendkantor am Koppelsberg bei Plön in Schleswig-Holstein war und den Auftrag erhalten hatte, auf einer Jugendfreizeit im Sauerland mit Jugendlichen einer Westberliner Kirchengemeinde zu singen. Das Thema der Bibelarbeit lautete „Ausgang und Eingang".[1] Schwarz teilt mit, dass ihn die politische Situation kurz nach dem Bau der Berliner Mauer und das vorherrschende Gefühl völliger Ungewissheit zu Text und Melodie inspiriert habe.[2]

Joachim Schwarz gehörte zu den Pionieren des Neuen geistlichen Liedes sowie 1997 zu den Mitbegründern der Gruppe TAKT, der vor allem eine enge

[1] Vgl. Handt 1997, 46.
[2] Vgl. Meyer, 264f.

Verbindung von Wort und Ton am Herzen lag. Von da her bekommt Schwarz' doppelte Autorschaft von Text und Melodie besonderes Gewicht.

Der Text nimmt biblische Motive aus Psalm 121 (Ausgang und Eingang) auf. Ob das Bild des Händefüllens ebenfalls biblisch inspiriert ist, lässt sich nicht beweisen, soll hier aber erörtert werden.

In Psalm 121,8 ist bei „Ausgang" und „Eingang" ursprünglich wohl an den Ausgang aus dem Tempel und an eine spätere Wiederkehr gedacht. Erich Zenger übersetzt „JHWH behütet dein Hinausgehen und dein Hineinkommen."[3] In der kirchlichen Auslegungsgeschichte ist diese Stelle oft spiritualisiert worden im Sinne des Ausgangs aus dem irdischen und des Eingangs in das ewige Leben. Man vergleiche etwa Martin Luthers Paraphrase aus seiner ersten Psalmvorlesung von 1513/15 zu Vers 8: „Der Herr Christus behüte deinen Eingang in die Kirche, in den Himmel, in den Geist und deinen Ausgang aus der Synagoge, aus der Welt, aus dem Buchstaben von nun an bis in Ewigkeit ..."[4] Auch Schwarz erklärt, dass er beim „Aufschreiben des Textes [...] nicht nur an die tagespolitische Situation, sondern auch an Zeit und Ewigkeit" gedacht habe.[5] Dagegen deutet Hans-Joachim Kraus Psalm 121 gattungsmäßig als „ein Entlassungszeremoniell [...], das sich beim Abschied von der heiligen Stätte abgespielt hat."[6] Der Priester verabschiedet den Wallfahrer am Tempel und spricht ihm JHWHs Schutz und Segen zu.

Schwieriger erscheint die Zuordnung und biblische Ableitung des letzten Verses: *füll du uns die Hände*, vor allem deshalb, weil die Tätigkeit des Händefüllens, die im Alten Testament gut belegt ist, vgl. 2. Mose 28,41; 29,9 u. ö., an diesen Stellen gerade nicht von Gott, sondern von Mose, Aaron oder anderen Menschen ausgesagt wird. So war nach dem übereinstimmenden Urteil der Ausleger mit dem Händefüllen der künftigen Priester eine besondere Opfersitte bei der Priesterweihe gemeint.[7]

Nach meinem Eindruck ist der Ausdruck *Füll du uns die Hände* mehrdeutig. Vordergründig bedeutet er die an Gott gerichtete Bitte um das tägliche Brot. Wenn aber Martin Noth Recht hat und das „Händefüllen" eine alte Umschreibung für die Amtseinsetzung der Priester ist, dann könnte in unserem Kanon mit diesem Ausdruck auch die Bitte um die Verwirklichung des Priestertums

[3] Frank-Lothar Hossfeld/Erich Zenger, Psalmen 101–150, Freiburg/Basel/Wien 2008, 448.

[4] Luthers Psalmenauslegung, hg. v. Erwin Mühlhaupt, 3. Band, Göttingen 1965, 456.

[5] Meyer, 264.

[6] Hans-Joachim Kraus, Psalmen, 2. Teilband, Berlin 1980, 1012.

[7] Vgl. Martin Noth, Das zweite Buch Mose, Göttingen [7]1984, 189, zur Stelle 2. Mose 29,9: „Abschließend wird in V. 9b gesagt, daß Aaron und seinen Söhnen die ‚Hand gefüllt' werden sollte. Das ‚Handfüllen' ist ein alter terminus technicus für die Bestellung eines Priesters. Es begegnet bereits an der literarisch wahrscheinlich ältesten Stelle, an der von einer Priestereinsetzung die Rede ist (Ri 17,5.12), und hat sich als festgeprägte Formel bis in die jüngsten alttestamentlichen Schriften hinein erhalten. Mit dem Ausdruck ‚Handfüllung', der außerhalb des Alten Testaments bereits in den Keilschrifttexten von Mari nachweisbar ist, ist ursprünglich die Zuweisung bestimmter Einkünfte aus einer bestimmten Amtstätigkeit gemeint. Im Alten Testament wird dieser Ausdruck speziell auf Priester angewandt und meint formelhaft [...] die Einsetzung eines Priesters in sein Amt." Ähnlich auch Christoph Dohmen, 2. Mose 19–40, Freiburg/Basel/Wien 2004, 313f.

aller Gläubigen gemeint sein. Diese Deutung ist wegen der genannten Subjektverschiebung nicht unproblematisch, scheint aber wegen des charakteristischen Ausdrucks *füll du uns die Hände* näher zu liegen als etwa eine Anspielung auf das Magnificat (Lk 1,53 *Die Hungrigen füllt er mit Gütern …*), wie Jürgen Henkys vermutet, wo zwar Gott Subjekt ist, aber lediglich das griechische Verb für „füllen" begegnet und die Geste des Füllens sich ausschließlich auf materielle Güter erstreckt. Wie auch immer, Schwarz' rätselhaftes Selbstzeugnis, dass ihm der Text „zugefallen sei"[8] spricht eher für die biblische Inspiration als dagegen.

Bei der Melodiebildung ist der Autor nach eigenen Worten dem „Sprachrhythmus" nachgegangen und hat die Vokale A und E (Ausgang und Eingang, Anfang und Ende) je mit halben Noten belegt.[9]

Metrisch besteht der Liedtext aus drei daktylischen Verszeilen mit jeweils zwei Hebungen sowie in der letzten Zeile einem dreihebigen Trochäus. So liegt eine „gemischt daktylische" Strophe vor.

Ausgang und Eingang
X x x X x
Anfang und Ende
X x x X x
Liegen bei dir, Herr
X x x X x
Füll du uns die Hände
X x X x X x

Der daktylisch bedingte Schwerpunkt auf dem ersten Schlag des Taktes wird durch den Rhythmus unterstrichen, indem die ersten drei Verszeilen jeweils mit einer halben Note beginnen. Auch die letzte Zeile betont die Takteins (*füll*) durch die punktierte Viertel. Das syntaktisch entbehrliche *du* betont noch einmal den Urheber und sprengt das bisherige Versmaß. Interessant ist, wie mit Hilfe rhythmischer Formung aus einem daktylischen Vers (Dreiertakt) eine Alla-breve-Melodie (Zweiertakt) geworden ist.

Die schlichte Weise erstreckt sich insgesamt über eine Oktave, nimmt beim Grundton *c'* ihren „Ausgang" und kehrt zu demselben wieder zurück, womit sie den Text auch musikalisch auslegt. Die ersten beiden Verse sind melodisch analog gebaut. Dabei erlaubt sich der Melodist am Ende des zweiten Verses eine Ligatur, mit der das Wort *Ende* gleichsam kadenziert wird. Der dritte Vers setzt nach Quartsprung mit dem Spitzenton *c"* ein und umspielt ihn so, dass auf der eigentlich unbetonten Zählzeit des zweiten Taktes (T. 6) bei dem bedeutsamen Wort *Herr* ein Akzent gesetzt und mit der Wiederholung des Spitzentons „der musikalische Höhepunkt"[10] erreicht wird. Der vierte Vers kehrt mit der genannten Punktierung, die für *du* eine zusätzliche Silbe ermög-

[8] Meyer, 264.
[9] Ebd.
[10] Ebd.

licht und den melodischen Abwärtsgang noch einmal kurz unterbricht, zum Grundton zurück.

Joachim Schwarz hat den überaus beliebten Kanon[11] später auch in Gebärdensprache „übersetzt", so dass er von den verschiedensten Musik- und Gemeindegruppen bei allen möglichen Gelegenheiten gesungen, gespielt, getanzt[12] und also auch gebärdet werden kann.[13]

Ausgang und Eingang steht im EG in der Rubrik „Gottesdienst", Unterabteilung „Eingang und Ausgang". Er kann tatsächlich auch am Anfang des Gottesdienstes, sollte aber aus inhaltlichen Gründen (s. o.) besser am Ende, vor dem Segen, gesungen werden. Der Kanon eignet sich ebenfalls für Andachten an allgemeinen wie biographischen Knoten- und Wendepunkten und als „Reisekanon".[14]

BERNHARD SCHMIDT

[11] Der Kanon steht in allen Kirchentagsliederbüchern sowie in verschiedenen katholischen und methodistischen Gesangbüchern. In „Colours of grace", München 2006, Nr. 68, bietet der Kanon auch eine englische, französische, tschechische, polnische und spanische Fassung. Das internationale Liederbuch „Thuma mina" bringt den Kanon in sieben verschiedenen Sprachen. Dem Mechthild Schwarz Verlag, Faßberg, liegen weitere Textübertragungen vor, vgl. Meyer, 265.

[12] Vorschläge in WEG III, 39.

[13] Vgl. Meyer, 265.

[14] Vgl. Handt 2004, 46–48, wo der Kanon in einer Liedandacht zum Jahreswechsel ausgelegt wird.

196 Herr, für dein Wort sei hoch gepreist

EG 196 EM 417

Text

Verfasser David Denicke **Vorlagen** Lk 8,4–15; Ps 119,105 **Quelle** *Das Hannoverische/ ordentliche/ vollständige Gesangbuch.* Lüneburg 1659 **Überschrift** *Umb wirckung des göttlichen wortes. Mel.: Es ist das heyl uns kommen.* **Ausgabe** FT II,450 **Strophenbau** A8/4a A7/3b-, A8/4a A7/3b-, A8/4c A8/4c A7/3x- vgl. Frank 7.7 ‚Lutherstrophe' **Abweichungen** vor 1:1. *Wir Menschen seyn zu dem, o Gott;* 2. *Drumb sein vorzeiten außgesant;* 1,1 *Für solches heyl sey, Herr, gepreist;* nach 1: 4. *Hilff, dass der losen spötter hauss;* 3,1 wird *so fort;* 3,5 der *saam, so in die dornen felt;* 3,6 und *wollust;* nach 4: 8. *Laß uns, so lang wir leben hier* * EM: ohne Str. 3 u. 4 **Verbindung TM** in der Q ohne N, mit Melodieverweis s. Überschrift (EG 342) * *Lobt Gott, den Herrn, ihr Heiden all* (EG 293, auch Vorschlag im EM) * *Es spricht der Unweisen Mund wohl* (wie EG; erstmals verbunden in EKG 145)

Melodie

Incipit 1__1_-7_-5_1_2_3_1_ **Verfasser** Johann Walter **Quelle** *Geystliche gesangk Buchleyn*, Wittenberg 1524 (DKL 1524^{18}; Faks der 2. Auflage DKL 1525^{22} hg. v. Walter Blankenburg, Kassel 1979) **Ausgaben** Z 4436; Otto Schröder (Hg.), Johann Walter, Sämtliche Werke, Band 1: Geistliches Gesangbüchlein, Kassel 1953, Nr. 40; DKL III/1.2 Ec15 **Ambitus** G: 9b; Z: 65b5b7b5 **Abweichungen** Quinte tiefer; ¢; Stollenschluss 1 mit ganzer Note, Stollenschluss 2 mit ganzer Note plus Viertelpause; Z. 5, vorletzte Note (*jederzeit*): ohne Kreuz (erstmals in: DKL Kant Wolk 1577/ 1577^{05}) **Verbindung MT** in der Q zu *Es spricht der Unweisen Mund wohl* * *O höchster Gott von Ewigkeit* (Michael Weiße) * *Gott, du mein Gott und Heiland bist* (Ambrosius Wilflingseder) * *Herr, wenn mein Herz recht überdenkt* (Burkart Waldis) * *Ich sag' von Grund des Herzens mein* (Benedictus Thaurer) * bis 1570 84 weitere Texte (s. DKL III/1, Registerbd., 110–113) * *Herr für dein Wort sei hoch gepreist* (wie EG; erstmals verbunden in EKG 145)

Literatur

HEKG (Nr. 145) I/2,249f; III/1,506f; Sb 234f * DKL III/1.2, Textbd., 172f, abschl. Kommentarbd., 266f; HEG 75f.337–339. 352–354; ThustB, 208f * Bode, Wilhelm: Quellennachweis über die Lieder des hannoverschen und lüneburgischen Gesangbuchs samt den dazugehörigen Singweisen, Hannover 1881 * Blankenburg, Walter: Johann Walters Chorgesangbuch von 1524 in hymnologischer Sicht, JLH 18 (**1973/74**) 65–96, bes. 81–84.96 * Stalmann, Joachim: Die Hannoverschen Gesangbücher als Spiegel von Theologie und Frömmigkeit, in: Hans Walter Dannowski und Waldemar R. Röhrbein (Hg.), Geschichten um Hannovers Kirchen, Hannover **1983**, 155–158 * Asper, Ulrich: Aspekte zum Werden der deutschen Liedsätze in Johann Walters „Geistlichem Gesangbüchlein" (1524–1551), Baden-Baden **1985**, 89f * Blankenburg, Walter: Johann Walter. Leben und Werk, aus dem Nachlass hg. v. Friedhelm Brusniak, Tutzing **1991**, 149.165 * Stalmann, Joachim: Art. Johann Walter, in MGG², Personenteil 17 (**2007**) 430–437

Für den Text dieses Liedes aus einer Auflage des Hannoverschen Gesangbuchs von 1659 gilt erst seit Kaspar Wetzels „Analecta hymnica“ (1756) der Hannoversche Konsistorialrat David Denicke als Textdichter. In der Auflage von 1672 (13 Jahre nach Erscheinen des Liedes) hat Gerhard Walter Molanus handschriftlich (zu allen im Hannoverschen Gesangbuch seit 1646 neu aufgenommenen Liedern!) vermerkt: „incerti auctoris“ (Autorschaft ungeklärt, nach Bode, 8). Wetzels Zuweisung scheint nicht ganz abgesichert. Immerhin erwähnt die Leichenpredigt für Denicke „geistreiche Psalmen [...] welche unter uns öffentlich gesungen werden, welches vielleicht wenige wissen“. Möge EG 196 dazu zu zählen sein.

„Um Wirkung des Wortes Gottes“ bittet das Lied – *dass wir nicht Hörer nur allein / des Wortes, sondern Täter sein* (Str. 2,5f). Darauf liegt der Hauptakzent, ganz im Sinne von Jakobus 1,22: *Seid aber Täter des Worts und nicht Hörer allein; sonst betrügt ihr euch selbst.* Hört man näher hin, so geht es beim „Fruchtbringen“ (Str. 2,7) nicht primär um die „guten Werke“ (die erwähnt erst Str. 4,3), schon gar nicht um eine Korrektur des Apostels Paulus. *Täter des Wortes* wird man gemäß unserm Lied, indem man seiner Botschaft glaubt, es annimmt und „dabei verbleibt“ (Str. 1,2; 4).

Ursprünglich und bis in die Gesangbücher des 20. Jh. hinein zählte das Lied zehn Strophen (z. B. noch im DEG Nr. 115 sowie im letzten Hannoverschen Gesangbuch Nr. 188). Es lohnt sich, auch die vier inzwischen ausgeschiedenen Strophen mit in den Blick nehmen. Zwei gingen dem heutigen Liedanfang voraus. Die erste setzte einen pointiert negativen Ausgangsakzent:

Wir Menschen sind zu dem, o Gott,
was geistlich ist, untüchtig;
Dein Wesen, Wille und Gebot
ist viel zu hoch und wichtig.
Wir wissen's und verstehen's nicht,
wo uns dein göttlich Wort und Licht
zu dir den Weg nicht weiset.

Gleich zu Anfang wird also, *was geistlich ist* – alles Wissen und Verstehen im Glauben, alles Befolgen und alle Beständigkeit – allein am Wort Gottes selbst festgemacht, wobei in Z. 5 aus dem später zitierten Lukastext 8,4–15 der V. 10 (*... damit sie es nicht sehen, auch wenn sie es sehen, und nicht verstehen, auch wenn sie es hören*) und in Z. 6 und 7 das Motiv des Lichtes auf dem Wege aus Psalm 119,105 bereits anklingt, der in der heutigen Str. 5 dann stärker hervortritt. Eine zweite vorausgegangene Strophe wendet den Gedanken ins Positive: Die Propheten des Alten Testaments (*dass durch dieselben würd bekannt / dein Will und deine Rechte*) und der Gottessohn wiesen nun doch den Weg zur Erkenntnis.

Erst danach folgte in der Langfassung die heutige Anfangsstrophe: *Für solches Heil sei, Herr, gepreist,/ lass uns dabei verbleiben*, die heute das Lied eröffnet: *Herr, für dein Wort sei hoch gepreist* usw. (Die schwache Konjugation des Verbs „preisen“ haben EKG und EG um des Reims willen beibehalten.) Glaubend das

Wort *annehmen* und darin *verbleiben*, gelingen nur durch die Gabe des Heiligen Geistes, der uns befähigt, das Gotteswort von Menschenworten zu unterscheiden, das aber *mit Sanftmut, Ehre, Lieb und Freud* (Str. 1,3–4.6–7). Deshalb rief eine weitere ursprüngliche Strophe Gott um Beistand wider *der losen Spötter Hauf* an, damit *deine Lehre in uns haft,/ auch reichlich bei uns wohne.* Auch da ging es also ums Durchhalten und Dranbleiben am wegweisenden Wort, und auch das bewirken letztlich Wort und Geist Gottes selber. Deshalb durchzieht das ganze Lied die Redeform des Gebets.

Als biblische Untermauerung wird in den heutigen Strophen 2 bis 4 auf das Sämannsgleichnis Bezug genommen (nach Lk 8,5–8). Str. 2,7 nimmt die Schlusspointe des Gleichnisses vorweg und erbittet nichts Geringeres als „hundertfältige Frucht". Str. 3 fasst die Negativstationen des Gleichnisses in der Perspektive der nachträglichen Auslegung (Lk 8,12–15) kurz zusammen (*Weg, Fels, Dornen*), gerät dabei allerdings etwas vom Gebet ins Predigen, steht aber im Zusammenhang mit der originalen Anfangsstrophe. Str. 4 setzt erneut mit der Gebetsanrede ein und paraphrasiert Lukas 8,15: Gutes, fruchtbares Land werden wir nun auch aktiv, mit *guten Werken*, Bewährung in *Amt und Stand*, dann aber wiederum *Geduld* und *Bewahren* [...] *in feinem, gutem Herzen.* Hiernach wurde vor dem EKG in einer weiteren Strophe (Str. 8 ursprünglicher Zählung) um Bewahrung vor dem *Weg der Sünder*, vor *Anfechtung und Leiden*, *Weltsorg und bösen Lüsten* gebetet und erneut auf die teuflischen Dornen im Gleichnis Bezug genommen. Das passt nicht recht in den Gedankengang und wurde wohl mit Recht gestrichen. In Str. 5 wird das Fruchtbringen im Rekurs auf Psalm 119,105 ein weiteres Mal am Wort Gottes selber angebunden: *Dein Wort ist meines Fußes Leuchte und ein Licht auf meinem Wege.* Das Lied schließt mit einer Gloria-Patri-Strophe: Die vorausgegangene Bitte wird jetzt über den Glauben des Einzelnen hinaus räumlich und zeitlich ausgeweitet: Das göttliche Wort möge *sich weit ausbreiten* und *in uns wirken fort und fort.*

Das Lied kann gut in Verbindung mit dem Sämannsgleichnis eingesetzt werden. Aber diese Verbindung ist an sich sekundär. Sein theologischer Ort ist eigentlich zwischen Lesung und Predigt zu sehen. Das Credo sollte im Gottesdienst ohnehin besser erst am Ende des Verkündigungsteils seinen Platz haben. Wir haben dann die biblische Botschaft in der Lesung vernommen und wollen sie nun weiter hören und bedenken, wozu uns die Predigt helfen möge. An diesem liturgischen Ort meldet sich das Lied zu Wort.

Als Melodie wurde dem Lied bis ins vorige Jahrhundert diejenige von *Es ist das Heil uns kommen her* (EG 342) zugewiesen. Anscheinend erst das letzte Hannoversche Gesangbuch und dann auch das EKG verbindet es mit der Melodie des Lutherliedes über Psalm 14 *Es spricht der Unweisen Mund wohl.* Als der wahrscheinlichste Autor dieser Melodie gilt Johann Walter. Denn Luthers Psalmlied war im Achtliederbuch (1524) noch mit der Melodie *Es ist das Heil uns kommen her* verbunden und erscheint erst in Walters Chorgesangbuch, ebenfalls 1524, mit einer eigenen Melodie. Bei Walter stand die Melodie eine Quarte höher, ohne Vorzeichen auf *c.* In ihrer „stolligen Form" und z.T.

tonartlich ist sie verwandt mit einer ganzen Reihe reformatorischer Lieder, z. B. mit EG 341 *Nun freut euch, lieben Christen g'mein*, EG 149 *Es ist gewisslich an der Zeit* und EG 273 *Ach Gott, vom Himmel sieh darein*. Besonders der Melodie EG 341 steht sie nahe. Beide messen bereits in den Stollen einen Ambitus aus Unter- und Oberquart (*g d g c*) aus. Während allerdings EG 341 beide Intervalle ohne „Zwischenstation" durchschreitet, unterteilt unsere Weise die Unterquart in Sekund- und Terzschritte. Auch die Oberquart wird in zwei Anläufen erst gegen Stollenende erreicht. Hier wird eben nicht „fröhlich gesprungen", sondern ein eher nachdenklicher Psalmtext intoniert. Und während der Abgesang in EG 341 energisch bis zum Spitzenton auf der Sexte überm Grundton strebt, bleibt unsere Melodie auch hier verhaltener, kehrt noch einmal zur Unterquart zurück, um dann in zwei Anläufen erst in der Schlusszeile ihren Spitzenton *d* zu erreichen. EG 196 enthält nur zwei Quartintervalle, die Melodie von EG 341 dagegen deren fünf. Das dürfte mit dem unterschiedlichen Textcharakter der beiden Lutherlieder *Es spricht der Unweisen Mund wohl* und *Nun freut euch, lieben Christen g'mein* zusammenhängen.

Was die Deklamation betrifft, dürfte Walters Melodie dem 135 Jahre jüngeren Textanfang Denickes nach heutigem Empfinden sogar angemessener sein als Luthers Psalmlied. Das Sprachgefühl ihrer Entstehungszeit war freilich anders als das von 1659 (nach der Poesie-Reform von Martin Opitz) und heute. Damals wurden – nicht immer, aber nach Bedarf – die Silben abgezählt und singend entsprechend akzentuiert. Wie auch immer: Es war eine gute Entscheidung schon des EKG, diese wertvolle Melodie durch Verwendung bei dem Denicke-Text einer singenden Gemeinde zu erhalten.

Joachim Stalmann

202 Christ, unser Herr, zum Jordan kam

Text

Verfasser Martin Luther **Entstehung** um 1541 **Vorlagen** Mt 3,13-17, Mk 16,15 **Quellen** (a) verschollenes Einliederblatt Wittenberg 1541 (s. WA.A 4,117/ DKL III/1.2, Textbd., 162; danach die Quellen b und c) * (b) *Ein geistlich Lied/ Von vnser heiligen Tauff Darin fein Kurtz gefasset/ Was sie sey? Wer sie gestifftet habe? Was sie nutze?* (Martin Luther), Regensburg [nach 1541] (DKL 1542[05]; ähnlich DKL 1542[06], vermutlich vorher gedruckt, s. DKL III/1.1, Textbd, 16 zu b59b) * (c) *Geistliche Lieder* (Joseph Klug), Wittenberg 1544 (DKL 1544[05]); auch schon in der verschollenen Auflage von 1543 (DKL 1543[10]) **Überschrift** (c) Wortlaut wie Quelle (b) **Liturgische Einordnung** Taufe **Ausgaben** W III, 43; WA 35, 468-470 (Nr. 33); WA.A 4, 299-301 (Nr. 36); HahnL 51f (Nr. 34) **Strophenbau** A8/4a A7/3b-, A8/4a A7/3b-, A8/4c A7/3d- A8/4c A7/3d- A7/3x- Frank 9.2; JLH 9 (1964) 57 **Abweichungen** (c) 2,2 *heisst selbs die Tauffe;* 2,4 *Zu meiden Ketzer Hauffen;* 2,6 *schlecht* Wasser; 3,1 *beweiset;* 4,8 *Da mit;* 4,9 sich *ergeben;* 7,5 *für im* **Verbindung TM** wie EG * zum Vorschlag des EG, alternativ Melodie 280 zu verwenden s. u. Melodie/ Besonderes

Melodie

Incipit -4__-6b_-7b_1_-7b_3b_2_1_ **Verfasser** Martin Luther oder Johann Walter **Quelle** *Geystliche gesangk Buchleyn* (Johann Walter), Wittenberg 1524 (DKL 1524[18]) **Ausgaben** Z IV,7246; WA.A 4,185 (Nr. 10B mit dem Text *Es wollt uns Gott genädig sein*) und 299 (Nr. 36 mit dem Text *Christ unser Herr zum Jordan kam* nach DKL 1544[05]); DKL III/1.2 Ec4 **Besonderes** Der ursprüngliche Text zur vorliegenden Melodie (s. u. Verbindung MT) wurde sofort nach dem Erscheinen des Einliederblatts (s. o. Text/Quelle) verdrängt und nur noch mit seiner anderen Weise (EG 280) überliefert. **Ambitus** G: 9; Z: 7b7b(7b7b)556b55 **Verbindung MT** in der Q mit: *Es wollt uns Gott genädig sein* (M. Luther EG 280) * weitere: *Ach Gott, du lieber Vater mein* (W IV 1014) * *Gebenedeit sei Gott, der Herr* (J. Englisch; W III,819) * *Du bist Herr, unser Hilf und Schutz* (B. Thaurer) * *Nu lobe, meine Seel, den Herren* (B. Thaurer; W IV, 755) * *Freu' dich, o würdig Christenheit* (D. Rump, s. JLH 1 [1955] 62) * *Herr, du forschest meine Sinnen* (P. Petraeus, s. JLH 27 [1983] 108) * 4 Melodien in der Praxis pietatis melica von 1690, s. JLH 46 (2007) 206

Literatur

HEKG (Nr. 146) I/2,250-252; III/1,509-512; Sb, 235-237; HEG II,204-208; ThustB, 212f * DKL III/1.2, Textbd., 161f und Registerbd. 105; EEKM I, 227f * WA 35, 281-285.468-470.528.626 * WA.A 4, 66-68.117.299-301 * WINTERFELD, Carl von: Der evangelische Kirchengesang und sein Verhältnis zur Kunst des Tonsatzes, Band I, Leipzig **1843** (Nachdruck Hildesheim 1966), 44.55.198.Notenanhang I, 75 * SPITTAL **1905**, 72-78.307-319 * MÜLLER, Christa: Luthers Tauflied, MGKK 40 (**1935**) 173-189 * WEISMANN, Eberhard: „Christ, unser Herr, zum Jordan kam", WüBll 25 (**1958**) 54-57 * JENNY, Markus: Zur Entstehungszeit und Herkunft der Straßburger Lutherweisen, JLH 4 (**1958/59**) 106 * MAHRENHOLZ, Christhard: Auswahl und Einordnung der Katechismuslieder in den Wittenberger Gesangbüchern seit 1529, in: Gestalt und Glaube, Festschrift f. Otto Söhngen, Witten/Berlin **1960**, 123–132 * JENNYG 1962, 209f (Nr. 108) * LAUBACH, Hans-Jürgen: Luthers Tauflied, JLH 16 (**1971**) 134–154 * BLANKENBURG, Walter: Johann Walters Chorgesangbuch von 1524 in hymnologischer Sicht, JLH 18 (**1973/1974**) 65–96 (bes. 84f.96) * HAHNEV **1981**, bes. 102f.147–162 * DRÖMANN, Hans-Christian, Das Hannoversche Gesangbuch 1646, JLH 27 (**1983**) 164–191, bes. 185 (zusätzliche 8. Str.) * JENNY, Markus: Luther, Zwingli, Calvin in ihren Liedern, Zürich **1983**, 89–92.111–113 * ASPER, Ulrich: Aspekte zum Werden der deutschen Liedsätze in Johann Walters „Geistlichem Gesangbüchlein" (1524–1551), Baden-Baden **1985**, 60.123f.170 * EBERHARDT, Otto: Das Bild des Verkleidens in Liedern Luthers, MuK 57 (**1987**) 175–180 * AMELN, Konrad: Luthers Kirchenlied und Gesangbuch, JLH 32 (**1989**) 25f.146f * BLANKENBURG, Walter: Johann Walter. Leben und Werk, aus dem Nachlass hg. v. Friedhelm Brusniak, Tutzing **1991**, 149.165–167 * AMELN, Konrad: Ein Standardwerk über Johann Walter, JLH 34 (**1992/93**) 134 * MEDING, Wichmann von: Luthers Katechismuslieder, Kerygma und Dogma 40 (**1994**) 250–271, bes. 258f * HAHN, Gerhard: Die Vermittlung christlicher Lehre in den ‚Katechismusliedern' Martin Luthers, in: Mediävistische Komparatistik, Festschrift f. F.J. Worstbrock, hg. v. Wolfgang Harms u. a., Stuttgart/Leipzig **1997**, 315–331; 326 * MEDING **1998** * HENKYS, Jürgen: „Christ, unser Herr, zum Jordan kam" (EG 202): Luthers Lied unter dem Blickwinkel des Kleinen Katechismus und der Dessauer Taufpredigt, GAGF 19 (**2005**) 69–80

Dieses späte Lied Martin Luthers rückt 1543, sicher nicht ohne die Zustimmung des Reformators, in eine Abteilung des Wittenberger Gesangbuchs ein, die mit einer eigenen Vorrede versehen und darin als kurz gefasster „Catechismus" in geistlichen Gesängen gekennzeichnet ist.[1] Dekalog, Credo, Vaterunser, Abendmahl und Taufe sind nun insgesamt mit „Katechismusliedern" ausgestattet. Aber in welcher Weise ist *Christ, unser Herr, zum Jordan kam* ein „Katechismuslied"?[2] Tatsächlich hat Luther nicht, was sich angeboten hätte, die vorliegende, didaktisch aufbereitete Tauflehre seines Kleinen und Großen Katechismus von 1529[3] ‚bereimt'. Er wollte allerdings auch im Lied deren zentrale Fragen behandeln, wie die Liedüberschrift ankündigt: *Was sie sey? Wer sie gestifftet habe? Was sie nütze? Etc.*[4] Und er hatte neben den Katechismen auch sein „Taufbüchlein" von 1523/26[5] vor Augen und darin besonders das „Sintflutgebet". Am nächsten stehen dem Lied aber, was Inhalt, gedankliche Durchführung und sprachliche Ausformung angeht, zwei Predigten Luthers[6], die er am 1. und 2. April 1540 in Dessau anlässlich der Taufe Bernhards von Anhalt gehalten hat.[7] In ihrem

[1] HahnL, 63.

[2] Meding 1994 hat diese von Mahrenholz vertretene Kategorie für die betreffenden Lieder grundsätzlich in Frage gestellt und diese als primär „liturgisch" eingestuft, selbst die beiden Dekaloglieder als rahmende Prozessionsgesänge zu den Katechismusgottesdiensten. Auseinandersetzung damit bei Hahn 1997.

[3] WA 30^{1},239–425; 123–238; BSLK 499–542; 543–733.

[4] WA.A 4,299; HahnL 51.

[5] WA 19,537–541; BSLK 535–542.

[6] WA 49,11–135.

[7] Die Bezüge des Liedes darauf wie auf das „Sintflutgebet" und den Kleinen Katechismus finden

Zusammenhang wird das Lied, wahrscheinlich 1541, entstanden und zuerst als Liedblatt (s. o. Text/Quellen) verbreitet worden sein.

Es stellt, zusammen mit den Dessauer Predigten, nichts Geringeres dar als den Versuch, die Tauflehre noch einmal, neuartig exegetisch zu begründen. Die beiden Katechismen waren in ihrer Taufunterweisung wesentlich von zwei Schriftstellen ausgegangen, der „Taufverheißung" (Mk 16,16) und dem „Taufbefehl" (Mt 28,19) des Auferstandenen. Das Lied geht aus von einem Ereignis, der Taufe Jesu im Jordan durch Johannes (Mt 3,15–18). Luther sieht da bereits unsere Taufe begründet und in ihren wesentlichen Merkmalen vorgegeben, die dann in den Taufworten Jesu nur noch Bestätigung und nähere Ausführung[8] finden müssen.

Die Kopfstrophe umreißt, traditionell, das Thema des Liedes. Das Ereignis, um das es geht, braucht – als bekanntes – nur kurz angesagt zu werden: *Christ, unser Herr, zum Jordan kam ... von Sankt Johann die Taufe nahm* (V. 1 und 3). Aber dieses Ereignis wird, wie dann im ganzen Lied, sogleich gedeutet: Christi Taufe geschieht *nach seines Vaters Willen* (V. 2) und wird dadurch zu einem göttlichen Auftrag, *Werk und Amt* (V. 4). Vom ersten Satz an gilt und zieht sich betont durch das Lied: Gott ist der Handelnde im Taufgeschehen, der *Vater* und der vollmächtig beauftragte Sohn, der schon am Liedbeginn entsprechend nicht mit „Jesus", sondern mit *Christ, unser Herr* angesprochen werden kann und soll. Der Abgesang nimmt stichwortartig und andeutend im Bildbereich der Taufe vorweg, was das Lied genauer ausführen wird: die Taufe eine göttliche Stiftung, ein *Bad*, in dem Sünde „abgewaschen", der Tod „ertränkt" wird durch Christi *Blut und Wunden*, in dem *neues Leben* eröffnet wird.

Strophe 2, die erste des Hauptteils, formuliert präzis und kompakt die Tauflehre Luthers, wie er sie in den einschlägigen Schriften entwickelt hatte, das *Was sie sey?* der Liedüberschrift: Wasser, *doch nicht allein schlicht Wasser*, eingefasst ins Wort, *sein heiligs Wort ist auch dabei.* Dass an dieser Stelle der *Geist* genannt wird, erklärt sich daraus, dass Luther das Taufgeschehen betont als trinitarisches Wirken Gottes darstellen will (vgl. 4,7), und bereitet schon die „Beweiskraft" des Jordangeschehens vor. *Der* in der reimlosen, abgehobenen, betonten Schlusszeile meint *Gott* als den dreieinen und stellt ein weiteres Mal mit Nachdruck heraus: *der ist allhier der Täufer.* Die zweite Frage der Liedüberschrift, wer die Taufe *gestifftet* habe, ist erneut aufgegriffen (nach 1,5) und dezidiert beantwortet: *Gott spricht und will ...* Gottes Autorität ist aber auch für die gesamte dargestellte Tauflehre in Anspruch genommen, wie der hinleitende Aufgesang der Strophe zeigt: *was Gott selbst Taufe nennet*, und dabei ist eigens die korrespondierende Rolle des Glaubens benannt, die später (Str. 5.6) genauer ausgeführt wird: *und was ein Christe glauben soll.* Dass in den konturierten Formulierungen des Liedes Luthers Kritik an der „Taufverachtung" der „Schwärmer" und „Wiedertäufer", wie er sie sieht, enthalten ist, auch am opus

sich bei Henkys tabellarisch übersichtlich zusammengestellt und gezielt für das Verständnis des Liedes ausgewertet. Zu zentralen Fragen des Liedes vgl. auch HahnEv 147–162.

[8] Henkys bezieht *Werk und Amt* auf Johannes den Täufer.

operatum der römischen Sakramentslehre, ist offensichtlich. In EG Str. 2,4 ist der direkte Hinweis Luthers auf den *ketzer hauffen* ersetzt durch ein neutrales *der sich zu ihm bekennet.*

Mit Strophe 3 beginnt der Versuch Luthers, die Tauflehre insgesamt und gültig bereits aus dem Jordangeschehen abzuleiten. Das heißt für ihn auch hier nachzuvollziehen, was Gott bereits vorgegeben hat. *Solchs hat er uns gezeiget* (orig. stärker *beweiset*) *klar,* und zwar *mit Bildern und mit Worten.* Es träfe Luthers Anliegen und Vorgehen nicht, wollte man den „Bildbeweis", das heißt den Beweis aus dem, was vor Augen ist, in den Strophen 3 und 4, den „Wortbeweis" in 5 und 6 geführt sehen.

Die Strophen 5 und 6 paraphrasieren den Sendungsauftrag und die Taufverheißung Markus 16,15f, und zwar ausdrücklich als Wort Jesu: *Sein Jünger heißt der Herre Christ* 5,1, und Luther legt die Stelle in gewohnter Weise eindringlich aus. Wir dürfen darin behandelt sehen, *was* die Taufe *nütze.* - Dabei gilt Str. 5 dem, der *glaubet und sich taufen lässt,* und entfaltet im Abgesang die Verheißung von Seligkeit, neuer Geburt, ewigem Leben und Himmelserbe - Evangelium! Im Aufgesang, davor also, hat Luther nicht versäumt, „Gesetz zu predigen": Überführung von Sünde, Aufruf zur Buße. - Str. 6 gilt dagegen dem, *der nicht glaubt.* Hier hat Luther, über Markus hinaus, Wert darauf gelegt zu erläutern, dass es das übergroße Gnadenangebot Gottes ist, das für den Glauben zur Wahl steht: *Wer nicht glaubt dieser großen Gnad.* Dann folgt er Markus ohne Abstriche: Es bleibt Verdammnis. Wobei Luther hier nicht versäumt, in die biblische Aussage, erklärend auch im Lied, die Erbsünde als heilsgeschichtliche Ausgangslage einzutragen sowie insbesondere die Unfähigkeit des Menschen zur Selbsthilfe, zur Selbstheiligung zu betonen. Die letzte Zeile ist Schluss-Zeile: *vermag sich selbst nicht helfen.*

Aber der „Wortbeweis", so Luthers Verfahren, ist bereits im Jordangeschehen angelegt. Dort (Str. 3) ist die *Stimm* des Vaters *offenbar,* sich offenbarend, zu hören, *er sprach ...* Sein Bekenntnis zum *lieben Sohn* bedeutet vor allem Übertragung von höchster Lehrautorität für alle künftige Lehre. Da sie dem übertragen wird, der selbst gerade getauft wird, ist innerhalb der Lehre Jesu indirekt, aber unüberhörbar seine Tauflehre gemeint, wie sie dann in den Strophen 5 und 6 entfaltet wird.

Ausdrücklichen „Bildbeweis" bringt Strophe 4: ... *hier selber steht* ... Im Jordangeschehen steht vor Augen, dass *all drei Person' getaufet han* (4,7), für Luther der Beweis dafür, dass der dreieine Gott anwesend ist und wirkt, *wenn wir getaufet werden* (vgl. 2,9). Dabei ist die Taufe im Jordan nur die demonstrative Einleitung von Gottes Heilsplan, *zu wohnen bei uns auf Erden.* War der *Vater* schon in Str. 3 als anwesend gezeigt, so sehen wir nun den *Sohn* in seiner Rolle, *in seiner zarten Menschheit,* wahrer Mensch: *zart* in der Doppelbedeutung von „schön", „ansehnlich" und von „ungeschützt", „verletzlich", ausgesetzt allem Menschlichen.[9] Schließlich erscheint der heilige Geist, im traditionellen Taubenbild, von oben herabschwebend, auf Jesus, auf uns.

[9] Lexer, DWb.

Nach der Ableitung der Taufe aus dem Jordangeschehen (Str. 3.4), nach der Explikation des Taufauftrags Jesu (Str. 5.6), den Luther schon am Jordan grundgelegt sieht, geht Str. 7 direkt auf unsere Taufe ein und von ihr aus. Was sieht dabei das *Aug*? *Wie Menschen Wasser gießen* (vgl. 2,5). Was *versteht* der von Wort und *Geist* belehrte *Glaub*? Dass im Sakrament der Taufe Christi vollendetes Heilswerk wirksam ist, Heil für *allen Schaden*, ererbt und verantwortlich *selbst begangen*. Wie schon in Str. 1,5–8, und damit das Lied abrundend, hat Luther in der Schlussstrophe das Heilsgeschehen noch einmal im Bildbereich des Taufgeschehens formuliert: *rote Flut, von Christi Blut gefärbet*. Hier insbesondere dürfte das „Sintflutgebet" eingewirkt haben neben biblischen Stellen über Wasser und Blut wie Johannes 19,35; 1. Johannes 5,6.[10]

Warum für diese Darstellung die komplexe neunzeilige Strophe, die, anders als der schlichte Vierzeiler der Dekaloglieder, wenig auf gereimte Merkhilfe abgestellt scheint? Luther hat sie in seinem ersten Lied verwendet, *Ein neues Lied wir heben an*, in dem er 1521 in einer zeitgenössischen Gattung gereimter Publizistik, einem „Zeit-" oder „Zeitungslied" den Märtyrertod zweier Antwerpener Augustinermönche ausschreit, verkündet.[11] In dieser Gattung des „Neuen Liedes" (Neuigkeitsliedes), diesmal in einem stolligen Siebenzeiler, ruft er auch das sensationellste Ereignis der Heils- und Weltgeschichte aus: Gott sendet seinen eigenen Sohn zur Rettung der Menschen, *Nun freut euch, lieben Christen, gmein* (EG 341). Den Ausgang von einem Ereignis, einem Geschehen, dessen deutendes Verkünden: *So hört und merket* (merkt auf!) *alle wohl* (2,1), auch etwa die verlebendigenden Redeeinschübe (2,5; 3,5–9; 5) teilt das Tauflied mit den genannten „Zeit-/Zeitungsliedern". Liegt hier eine Erklärung? Mit den benachbarten Dessauer Predigten – ein „Verkünden" der Taufe auf ihre Weise – teilt das Lied offensichtlich den katechetischen Versuch Luthers, die etablierte, bekannte Tauflehre noch einmal neu auszusagen, neu ins Bewusstsein zu bringen, indem er sie exegetisch neu ableitet und entwickelt – vom Ereignis der Jordantaufe her. Wilhelm Stapel[12] hat das Tauflied eine „Lehrpredigt in Versen" „in balladischer Strophenform" genannt.

Luthers Tauflied hat keinen Eingang in die Taufliturgie gefunden und bis heute nur geringen ins gemeindliche Singen.[13] Das liegt nicht an Mängeln seiner literarischen Gestaltung. Es ist *klar* und zielgerichtet aufgebaut. Dabei hat Luther die sinnvolle Gliederung des Liedinhalts in Strophen und die Binnengliederung der „bauenden" stolligen Strophen wie auch sonst gekonnt genutzt. Seine Rhetorik zeichnet scharfe Konturen bei der Argumentation etwa durch häufige Entgegensetzungen vom Typ *Wasser – nicht schlicht Wasser, wer glaubt – wer nicht glaubt, das Aug – der Glaub,* usw. Und seine Rhetorik bedient sich wie sonst der affizierenden Bildlichkeit, hier des Taufvorgangs: *Wasser, waschen,*

[10] Vgl. Henkys 70f. 74.

[11] WA 35, 411–415, Nr. 1; WA.A 4, 217–222, Nr. 18; HahnL, 8–12, Nr. 6.

[12] Luthers Lieder und Gedichte, Stuttgart 1950, 124–126.

[13] Vgl. Henkys 69f; er spricht von der „Vereinsamung" des Liedes.

ersäufen, Blut und Wunden, rote Flut, von Blut gefärbt. Was den Gebrauch des Liedes hemmt, ist doch wohl gerade das, was ihn fördern sollte: die – eben nicht unkomplizierte – vollständige Ableitung des Taufsakraments aus der Jordantaufe Jesu.

Gerhard Hahn

Die Melodie gehört zu den unbekannten Schönheiten in unserem Gesangbuch, bekannt allenfalls den Organisten als Orgelchoral, z. B. von Johann Sebastian Bach, oder den Chorleitern und -sängern durch die gleichnamige Bach-Kantate. Wieder einmal zeigt sich die unmittelbare Auswirkung der Strophenform auf die Musik: Wie in der neunzeilig stolligen Textform die letzte Zeile ein verwaistes Anhängsel ist, ohne Bezug zu einem vorangehenden Vers im Endreim, so wirkt auch die letzte Melodiefloskel wie eine spätere Zutat. Wenn man gesangbuchunkundigen Musikern die Melodie ohne ihre Schlusszeile zeigen oder vorsingen würde, sie würden nichts vermissen. Die Melodie wäre auch so tonal und formal in sich geschlossen. Und wie im Text semantisch eine neue Ebene betreten wird, so wird die Weise in ihrer Schlusszeile tonal auf eine höhere Stufe gehoben; sie beginnt mit dem tonalen Zentrum, betont das *c* mehrfach, und endet schließlich auf der fünften Stufe *g*, gleichsam offen. Gleichzeitig aber, und hier zeigt sich die hohe Kunst des Komponisten, wird wie in einem Reprisen-Bar eine Verbindung hergestellt zum Stollenschluss (Zeilen 2 bzw. 4), durch die Punktierung und die stufig absteigende Melodie. In der zeitgenössischen Notation war dieser Parallelismus rein optisch hervorgehoben, durch die Notenform einer Ligatur (heute durch den Bindebogen dargestellt) auf den jeweils vorletzten Silben. Und an einer weiteren Stelle zeigt sich das feinsinnige Formgefühl des Melodieschöpfers: Die sechste und achte Zeile (*zu waschen uns von Sünden* bzw. *durch sein selbst Blut und Wunden*) gehören inhaltlich und durch den gleichen Endreim zusammen; melodisch ist die eine Zeile eine fast notengetreue Wiederholung der anderen, nur um eine Quinte nach unten versetzt. Und auch hier wieder eine sinnfällige rhythmische Entsprechung bei *von Sünden* bzw. *und Wunden.*

Die kurzen Achtelauftakte an den Zeilenanfängen wirken belebend in dieser langen Melodie und kommen dem jambischen Versfuß entgegen. Nur ganz am Anfang steht kein Achtelauftakt; das Wort *Christ* bekommt größeres Gewicht. Ebenso sind die wichtigen Wörter *Herr* und *Jordan* in der ersten Zeile durch ihre relative Tonhöhe hervorgehoben. Wenn man so dem Melodieverlauf in Verbindung mit der ersten Textstrophe nachspürt, gewinnt man den Eindruck, als seien beide geradezu füreinander geschaffen. Ursprünglich jedoch wurde die Melodie für einen ganz anderen Text komponiert: *Es wollt' uns Gott genädig sein* (EG 280: *Es wolle Gott uns gnädig sein*). Dass sie so gut zu ihrem Zweittext passt, ist vermutlich kein Zufall. Seit der 3. Auflage seines *Gesangbüchleins* (DKL 1534^{07}) übernahm auch Johann Walter für *Es wollt uns Gott genädig sein* die Zweitmelodie EG 280 (DKL III: Melodie B17). Die schöne Weise war somit verwaist. Möglicherweise um sie zu retten, hat Luther dann in den frühen 1540er

Jahren seinen Text *Christ, unser Herr, zum Jordan kam* ganz bewusst auf diese Melodie gedichtet.[14]

Historisch gehört *Christ, unser Herr, zum Jordan kam* zur Gattung des Tenorlieds; einer musikalischen Satzart, die, aus dem Weltlichen kommend, im Reformationsjahrhundert zur wichtigsten Gattung der Kirchenliedkomposition avancierte. Eine Hauptstimme - wie der Name schon sagt, meistens der Tenor - liegt eingebettet in einen meist vierstimmigen Satz, nicht ganz homophon aber auch ohne größere imitatorisch-polyphone Abschnitte, so dass die melodietragende Hauptstimme ganz ohne größere Pausen durchgeführt wird. Eine besondere Bedeutung kommt dabei oft dem kontrapunktischen Gerüst zwischen Oberstimme und Tenor zu. Johann Walter war einer der bedeutendsten Komponisten auf dem Feld einer genuin evangelischen Kirchenmusik im Mitteldeutschland des 16. Jh. Er kann auch als Schöpfer der hier besprochenen Weise gelten. Gelegentlich wird auch Luther genannt; beides lässt sich nicht sicher beweisen bzw. widerlegen. Sicher ist aber, dass die Melodie erstmals 1524 im Satz Johann Walters und mit dem Text *Es wollt uns Gott genädig sein* im Druck erschien, und dass er denselben Satz, nun mit dem Text *Christ unser Herr zum Jordan kam* verknüpft, um 1550 einer gründlichen Überarbeitung unterzog. Nur zwei Veränderungen des späteren Satzes gegenüber der Urfassung seien erwähnt, weil daran deutlich wird, wie überlegt Johann Walter seine Noten setzt: Erstens hat er die Oberstimme in der Schlusszeile so umgestaltet, dass deutliche Anklänge an die erste Zeile der Melodie erkennbar sind, der Satz somit eine formale Abrundung erfährt. Und zweitens hat der Satz nun am Ende von Zeile 7 bei *Tod* eine deutliche Zäsur: Während 1524 der Übergang in den Begleitstimmen verzahnt ist, steht nun eine gemeinsame Kadenz in allen vier Stimmen mit nachfolgender Pause und gleichzeitigem Beginn der dritten Zeile. Es ist denkbar, dass Walter hier den neuen Text (*Tod*) durch diese „Generalpause" versinnbildlichen wollte; ein durchaus nicht unbekanntes Stilmittel, wenngleich vor allem im späteren 16. Jh. und beginnenden 17. Jh. angewandt.

In den Forschungen zur Melodiegeschichte des 16. Jh. wird immer wieder deutlich, dass die gewählte Tonart oft weit mehr bedeutet, als nur die Lage der Halbtonschritte. Gerade die hier behandelte Melodie folgt einer mehrfach anzutreffenden Struktur der sogenannten „d-Tonalität".[15] Diese beinhaltet unter anderem eine besondere Bedeutung der Quinte, Septime und None über dem Grundton als Kadenz- oder Spitzenton einzelner Zeilen. Wegen dieser Eigenschaften wurde für unsere Melodie mehrfach eine vorreformatorische Vorlage vermutet, ohne dass eine solche jedoch nachgewiesen werden konnte. Vielmehr dürfte sie selbst zum Vorbild für eine Reihe verwandter Kirchenlied-Melodien

[14] Dieser Gedankengang folgt Markus Jenny, vgl. *Luthers geistliche Lieder und Kirchengesänge.* Vollständige Neuedition in Ergänzung zu Band 35 der Weimarer Ausgabe bearbeitet von Markus Jenny, Köln/Wien 1985 (= Archiv zur Weimarer Ausgabe der Werke Martin Luthers. Texte und Untersuchungen 4).

[15] Vgl. hierzu die Anmerkung zu Melodie Ec4 in DKL III/1.2, Textbd., 161f.

geworden sein, wie z. B. für drei Melodien im Psalter des Burkard Waldis von 1553.[16]

Auch wenn das Lied wohl weiterhin selten Anwendung finden wird: Es wäre auch um der schönen Melodie willen wünschenswert, wenn es hier und da wenigstens am Johannistag zu hören wäre.

Helmut Lauterwasser

[16] Melodien A83, A91 und A125 in DKL III/1.1.

207 Nun schreib ins Buch des Lebens

EG 207ö RG 178ö+ KG 7ö+ CG 735ö+

Text

Verfasser unbekannt **Entstehung** Straßburg 1850 **Vorlagen** Str. 1: Offb 20,13; Str. 3: Joh 14,6 **Quelle** *Gesangbuch für die evangelischen Gemeinden Frankreichs*, Straßburg 1850 **Überschrift** *Mel. Ach bleib' mit deiner Gnade* **Liturgische Einordnung** *Die heiligen Sakramente – Taufe (Confirmation)* **Strophenbau** A7/3a- A6/3b A7/3a- A6/3b vgl. Frank 4.20 **Abweichung** 1,3 nach *sein* Ausrufezeichen **Verbindung TM** in der Q ohne N, aber mit Tonangabe (s. Überschrift), gemeint ist wohl die im EG gebrauchte Melodie; s. Z I,132 und Z II, S. 638; vgl. aber auch Z I,136–140.145 und III,5532) * *Nun lob, mein Seel, den Herren* (EG 289), in: Evangelisches Gesangbuch für Kirche und Haus, Speyer [2]1860, Nr. 648; dort werden die drei Strophen für die 12-zeilige Melodie zu einer zusammengefasst

Melodie

s. *Christus, der ist mein Leben* (EG 516)

Literatur

ÖLK Lfg. 4 * ThustB, 214 * Bruppacher **1953**, 240

Der früheste Nachweis für das Lied findet sich im Gesangbuch für die evangelischen Gemeinden Frankreichs, Straßburg 1850 (Nr. 277). Dieses sogenannte Konferenzgesangbuch stellte den Versuch der Straßburger Pfarrkonferenz dar, einen Schritt auf ein vereinheitlichendes Gesangbuch für die deutsch sprechenden evangelischen Gemeinden hin zu tun.[1] Das Lied steht dort in der Rubrik „Die heilige Taufe“ im Abschnitt „Erneuerung des Taufbundes (Confirmation)“. Der Verfasser des Textes ist unbekannt.

In den folgenden Auflagen des Gesangbuchs – infolge der veränderten politischen Verhältnisse (1871) neu mit „Evangelisches Gesangbuch für Elsaß-Lothringen“ betitelt – und in den neuen Gesangbuchausgaben[2] hatte das Lied einen festen Platz bei „Taufe und Konfirmation“, im konservativen lutherischen „Gesangbuch für Christen Augsburgischer Konfession in Elsaß und Lothringen“

[1] Zur Geschichte des Elsäßischen evangelischen Kirchengesangs: Otto Michaelis: Das Elsaß und das deutsche evangelische Kirchenlied, Leipzig und Hamburg, o. J., Heft 24 aus der Reihe „Welt des Gesangbuchs“. – Ernest Muller: Les Recueils de cantiques d'Alsace au XIXe siécle. Evolution de la piété en Alsace d'après les Recueils Strasbourgeois de langue allemande, in: Bulletin de la Soeiete de l'Histoire du Protestantisme Français, Paris 1978, 49–60.

[2] So in den Auflagen Straßburg 1884 und 1891 und in den neuen Gesangbuchausgaben von 1899 und 1902 und deren Nachdrucken von 1907, 1908, 1914 und 1926.

(ab 1863) dagegen ist es erstmals in der Ausgabe von 1952 zu finden.[3] Eine frühe Spur der Verbreitung führt bereits 1860 in die angrenzende Pfalz.[4] Als Tauf- und Konfirmationslied stand *Nun schreib ins Buch des Lebens* in einigen landeskirchlichen Gesangbüchern Deutschlands der Zwischenkriegszeit,[5] fand 1950 jedoch keine Aufnahme in den Stammteil des EKG, lediglich in zwei Regionalteile.[6]

In der reformierten Schweiz wurde *Nun schreib ins Buch des Lebens* – im Wortlaut übereinstimmend mit Straßburg 1850 – zum ersten Mal im Probeband von 1941 (Nr. 270) bei den Liedern zur „Konfirmation" angeboten.[7] Von dort wurde es ins RKG 1952 übernommen (Nr. 224) und neu bei den Taufliedern eingereiht, wo es auch im heutigen Gesangbuch, im RG, seinen Platz hat. In den christkatholischen Gemeinden wurde das Lied durch das Gesangbuch der Christkatholischen Kirche von 1978 (Nr. 618) bekannt, unter „Taufe und Firmung" (CG: Eingliederung in die Kirche), und den römisch-katholischen Gemeinden steht es mit der Aufnahme ins KG 1998 erstmals zur Verfügung, hier als Lied zur „Taufe und Tauferneuerung". Die unterschiedliche Rubrizierung weist bereits darauf hin, dass im Lied *Nun schreib ins Buch des Lebens* auf mehrere Wegmarken des christlichen Lebens angespielt wird.

Die drei kurzen Strophen lassen nicht viel Raum. In konzentrierter Gottesanrede, die sich in der dritten Strophe an Christus wendet, wird Weniges, aber Wesentliches erbeten. Das Lied umgreift dabei den Weg eines Christen, einer Christin von der Taufe (Str. 1) über die Unterweisung bzw. die Konfirmation (Str. 2) bis zum eschatologischen Heil (Str. 3).

Die erste Zeile von Str. 1 nimmt unausgesprochen Bezug auf die Taufe. Ungenannt ist auch die Personengruppe, welche die Eröffnungsstrophe im Blick hat; wer ins Lebensbuch eingetragen werden soll, ist den Singenden aber durch die unmittelbar vorausgegangene Handlung der Taufe oder Konfirmation gegenwärtig. Das soeben getaufte Kind ist zu einem Kind Gottes, zu einem Glied am Leib Christi geworden. An ihm hat sich in der Taufe ein Herrschaftswechsel vollzogen. Aus der Macht des Todes ist es in den Bereich des Lebens aus dem

[3] Recueil de cantiques de l'Église de la Confession d'Augsbourg en Alsace et en Lorraine, Strasbourg (1952) 71980, Nr. 286.

[4] Evangelisches Gesangbuch für Kirche und Haus, Speyer 21860. Die drei Strophen von *So schreib ins Buch des Lebens* sind als eine einzige abgedruckt und der zwölfzeiligen Melodie *Nun lob, mein Seel, den Herren* (EG 289) zugewiesen. Dieselbe Zuweisung taucht auch im Thüringer evangelischen Gesangbuch von 1932 auf.

[5] So z. B. in den Evangelischen Gesangbüchern für Rheinland und Westfalen (1930; Nr. 413), für Sachsen und Anhalt (1931; Nr. 415), für Brandenburg und Pommern (1931; Nr. 417) sowie für Thüringen (1932; Nr. 405).

[6] EKG Vereinigte protestantisch evangelisch christliche Kirche der Pfalz, 1952, Nr. 437; EKG Rheinland, Westfalen und Lippe sowie Evang.-ref. Kirchen Nordwestdeutschland, 1969, Nr. 437. 1993 gelangte es schließlich ins EG zu den Liedern zur „Taufe und Konfirmation", nachdem es durch die AÖL bereits 1978 ins ökumenische Repertoire eingegliedert und im Kinderliederbuch „Leuchte, bunter Regenbogen" (1983, Nr. 170) publiziert worden war.

[7] Der Probeband nannte, wie gelegentlich auch andere Gesangbücher, fälschlicherweise noch Friedrich Spitta als Textautor. Spitta wurde aber erst 1852 geboren.

Geist hinübergewechselt. Die Zueignung des Heils in der Taufe kann nun also festgeschrieben, bestätigt werden: *Nun schreib ins Buch des Lebens,/ Herr, ihre Namen ein.*

Doch dieser grundsätzlich vollzogene Herrschaftswechsel muss in einem Christenleben stets neu zur Geltung gebracht werden. Das Leben aus dem Geist Gottes versteht sich nicht ein für allemal von selbst, sondern ist Gefährdungen bis hin zum Scheitern ausgesetzt. Die Taufe ist keine Garantie für ein christliches Leben. Hinter der Bitte *und lass sie nicht vergebens / dir zugeführet sein* steht die Erfahrung des Misslingens und der Abwendung vom Glauben. Dass der in der Taufe gesetzte Anfang eines Lebens als Christ oder Christin seine Fortsetzung in einer christlichen Lebensführung finden möge, ist Inhalt dieser Bitte.

So verständlich und realitätsnah diese Bitte heute wie zur Entstehungszeit des Liedes sein mag, so ist doch kritisch zu bemerken, dass von Gott her die Annahme eines Menschen in der Taufe unumstößlich ist und in Geltung bleibt, wie auch immer der getaufte Mensch sich entscheidet. Gott zieht seine Zusage nicht zurück. Sie kann daher auch niemals vergebens sein.

Als Fortsetzung der ersten Strophenhälfte reicht die Bitte aber noch tiefer. Das *Buch des Lebens* zielt auf eine eschatologische Entscheidungs- und Gerichtssituation. Schon nach alttestamentlicher Vorstellung können Namen aus dem Buch des Lebens auch wieder getilgt werden (2. Mose 32,32f; Ps 69,29). Die frühen christlichen Gemeinden nahmen diesen Gedanken auf. Ihre oft hart bedrängte äußere Lebenssituation führte dazu, dass das unbedingte Festhalten am Glauben als Bedingung des Heils stark betont wurde. Wer im Glauben standhielt, durfte damit rechnen, im Gericht freigesprochen zu werden, wer vom Glauben abfiel, stand in Gefahr, aus dem Buch des Lebens getilgt zu werden (Offb 3,5). Positiv gewendet, bringt die Rede vom Buch des Lebens die zuversichtliche Gewissheit zur Sprache, von Gott angenommen zu sein und so Anteil am ewigen Leben zu haben. *Freut euch aber, dass eure Namen im Himmel aufgeschrieben sind*, ruft Jesus den 70 Jüngern zu (Lk 10,20). Auch bei Paulus mündet die einzige Erwähnung des „Buchs des Lebens“ in den Jubelruf *Freut euch in dem Herrn allewege* (Phil 4,3f) ein.

Die Bitte in Str. 2 *Ach präge jedem Kinde / dein Wort recht tief ins Herz* nimmt die Situation älterer Kinder in den Blick. Der kirchliche Unterricht, in dem das Wort gehört und gelernt wird, erreicht sein Ziel erst dort, wo das Wort als Gotteswort ins Herz trifft. Es soll nicht nur so eingeprägt werden, dass es gelernt und gewusst wird, sondern es soll seine prägende Wirkung im Leben junger Christen entfalten. Dies kann bei aller notwendigen menschlichen Vermittlung letztlich nur durch den Geist Gottes geschehen. Das Gleichnis vom Sämann (Mt 13) macht eindrucksvoll deutlich, dass das Hören des Wortes nicht genügt. Der Samen des Wortes ist gefährdet. Wer aber *das Wort hört und versteht*, kann viel Frucht bringen (Mt 13,23). Der zweite Teil der Strophe sieht diese Frucht darin, Gott *in Freud und Schmerz* zu dienen. Das zielt zunächst auf den Gottes-Dienst; der Vers erinnert an Psalm 100,2: *Dient dem Herrn mit Freuden, kommt vor sein Angesicht mit Frohlocken!* Gott in Freuden zu dienen, konkretisiert sich zum einen darin, ihm, der die Gemeinde trägt und führt und der sich als gütig und gnädig erweist, mit Loben und Danken zu begegnen.

Menschen dienen Gott aber auch darin, dass sie ihren Nächsten dienen. Im Römerbrief stellt Paulus die Aufforderung *Dient dem Herrn* (Röm 12,11) genau in diesen Kontext der Nächstenliebe. Wie im Doppelgebot der Liebe die Liebe zum Nächsten neben die Liebe zu Gott gestellt wird (Mt 22,34–40), so verwirklicht sich in der dienenden Zuwendung zu Anderen zugleich ein wesentlicher Aspekt des Dienens vor Gott. Dem Nächsten, der meiner Hilfe bedarf, zu dienen, rückt zugleich Leid und Schmerz ins Blickfeld. Die Formulierung in der zweiten Strophe zielt jedoch darauf, angesichts der Schmerzen des eigenen Lebens den Dienst an Gott nicht zu vernachlässigen. Paulus fährt im unmittelbaren Anschluss fort: *Seid fröhlich in Hoffnung, geduldig in Trübsal, beharrlich im Gebet* (Röm 12,12). Das Wort zu beherzigen (2,2), vor Sünde bewahrt zu bleiben (2,3), Gott in Freude und Schmerz zu dienen: Das ist in knappster Form das Anliegen des Paulus in Römer 12.

Sünde ist im Zusammenhang dieser Strophe so unspezifisch gebraucht, dass es schon fast floskelhaft wirkt. Gedacht ist wohl an die Sünde des Abfallens von Gott (vgl. 2. Mose 32,33: *Ich will den aus meinem Buch tilgen, der an mir sündigt*). Eine stark moralisch gefüllte Sündenvorstellung kann sich jedoch leicht auch mit dieser Strophe verbinden. Wer das Lied in der Gemeinde singen lässt, sollte daher aufmerksam dafür sein, dass mit dieser Strophe möglicherweise ein Sündenverständnis gefördert wird, das problematisch sein kann.

In Strophe 3 mündet das veränderte Zitat aus Johannes 14,6 (*Ich bin der Weg, die Wahrheit und das Leben*) in die Bitte um das Heil für *uns alle[n]*. Das getaufte (Str. 1) und im Glauben unterwiesene Kind (Str. 2) wird so hineingestellt in die Gemeinde aller Getauften. Das Lied erfährt also in der letzten Strophe sowohl eine eschatologische Zuspitzung wie auch eine christologische Pointierung: *dein Heil, Herr Jesu Christ.*

Wie ein Rahmen legt sich die Christus-Anrede um diese Strophe: *Du* [...] *Herr Jesu Christ.* Die intensive Ansprache in Zeile 1, *Du, der du selbst* macht aus dem „Ich-bin"-Wort des Evangeliums ein Bekenntnis zu Jesus Christus. Die Voranstellung von Leben (3,1) ist keine inhaltliche Verschiebung der Aussage, sondern zunächst dem Reim geschuldet – allerdings entsteht dadurch zugleich ein Bezug zum Beginn des Liedes (*Buch des Lebens*) und vielleicht auch zum Lied *Christus, der ist mein Leben* (EG 516), auf dessen Melodie der Text von seiner ersten (bekannten) Veröffentlichung an vorwiegend gesungen wurde. Der Intensität der Christusanrede (3,1) entspricht in der dritten Zeile die Intensität der Bitte: *uns allen wollst du geben.* Dass hier nicht nur für das Heil der Neugetauften gebetet wird, sondern für das gemeinsame Heil aller, ist sachgerecht vor dem Hintergrund der johanneischen Abschiedsreden, denen das Zitat Johannes 14,6 entnommen ist. Jesus spricht darin die Jünger stets gemeinsam an: *Ich lebe, und ihr sollt auch leben* (Joh 14,19). Das eschatologische Heil ist nur denkbar als ein Ereignis gelebter Gemeinschaft. Die „Gemeinschaft der Heiligen" gehört in das Bekenntnis des Glaubens.

Das dreimalige *du* in den Zeilen 1 und 3 mündet in die Formulierung *dein*

Heil. Es wird aber nicht allgemein um „das Heil“ gebeten, sondern ganz präzise um *dein Heil, Herr Jesu Christ.* Es geht also um das in Kreuz und Auferstehung durch Jesus Christus erworbene Heil. In ihm allein liegt das Heil begründet, denn *niemand kommt zum Vater denn durch mich* (Joh 14,6b). Damit ist zugleich deutlich, dass hier an das Heil der zu Christus Gehörenden, also der Getauften gedacht ist. Hier schließt sich der Bogen des Liedes – das Heil wird denen zuteil, deren Namen im Buch des Lebens verzeichnet sind.

Die Zuweisung des Tauftextes zur Melodie *Christus, der ist mein Leben* hat Bruppacher[8] bemängelt, da aus ihr „lauter Abschied und Abend“ herausgehört werde. Dabei übersieht er aber, dass die Melodie, die in sich selber affektmäßig ohnehin eher neutral wirkt, mindestens so sehr mit dem Lied *Ach bleib mit deiner Gnade* (EG 347) verbunden ist. Dieses passt als Segensbitte schon wesentlich besser zur Taufe.[9]

Ilsabe Seibt

[8] Bruppacher 1953, 240.

[9] Dazu findet sich in MGKK 18 (1913) 183 unter dem Stichwort „Aus der Praxis“ der Ausgabe vom Mai 1913 folgender Hinweis des Herausgebers Friedrich Spitta: „In Pfäffikon (Kanton Zürich) singen die Kinder aus *Ach bleib mit deiner Gnade* Vers 2 und 5 und Vers 3 und 6, umrahmt vom Gemeindegesang der drei Verse des Liedes *Nun schreib ins Buch des Lebens* (Gesangbuch für Elsaß-Lothringen No. 173). Pfarrer Th[eodor] Goldschmid schreibt mir dazu: ‚Gerade diese innige Verbindung von Bitte der Konfirmanden und Fürbitte der Gemeinde hat etwas so Einleuchtendes, dass es jeweilen tiefen Eindruck macht.‘“

216 Du hast uns Leib und Seel gespeist

EG 216 (EM 526)

Text

Verfasser Thomas Blarer **Entstehung** um 1533/34 **Quellen** (a) Straßburger Gesangbuch 1537 (nicht mehr nachweisbar) * (b) *Nüw gsangbüchle,* Zürich 1540 (DKL 1540[06]) **Überschrift** (b) *Zů beschlussz der kinder predig* **Ausgabe** W III,667 **Strophenbau** A8/4a A7/3b-, A8/4a A7/3b-, A8/4 x_1+x_1 A7/3c- A8/4x_2+x_2 A7/3c- vgl. Frank 8.15 **Abweichungen** (b) 1,2 uns *das wir;* 1,7 *von der uns hat gewäschen;* 1,8 *Christus din son;* 1,9 *dann sin Blůt fron;* 1,10 *hat uns die hell erlöschen* * EM: 1. *Du hast uns Leib und Seel gespeist* = 4. Str. des Liedes *Du hast zu deinem Abendmahl als Gäste uns geladen* **Verbindung TM** (b) Melodie des Psalmes Davids CXXV *Nun welche hie ihr Hoffnung gar auf Gott, den Herren legen* (Matthias Greiter 1525)

Melodie

s. *Was mein Gott will, gescheh allzeit* (EG 364)

Literatur

HEKG (Nr. 164) III/1,542f. 523; I/2,282f; Sb 238. 253; HEG II,42 * ThustB, 211 * SCHLUNK **1951**, 83 * BRUPPACHER **1953**, 242f * ERB, Jörg: Dichter und Sänger des Kirchenliedes, Bd. I: Verfasser von Liedern und Weisen des Kirchengesangbuchs aus dem Reformationsjahrhundert, Lahr-Dinglingen ²**1981**, 82 * RÖSSLERL **2001**, 192 (Faks).195

Die „Diener der Kirchen von Konstanz und anderswo" haben ein Gesangbüchlein zusammengestellt und 1540 in Zürich drucken lassen, in dem sich ein dreistrophiger Gesang zum Katechismusgottesdienst befindet: *Gelobet sey der Herre Gott, ein vatter vnser allen.* Friedrich Spitta hat in seinem Evangelischen Gesangbuch für Elsaß-Lothringen 1899 wieder an das weitgehend vergessene Lied Thomas Blarers erinnert, das er in die Rubrik „Sonntag und Gottesdienst" eingeordnet hat, ohne eine direkte Beziehung zum Abendmahl herzustellen.

Die Strophen 1 und 2 sind im *Nüw gsangbüchle* „vor anfang der kinder predig" zu singen.

Die erste ist belehrend im Stile des Religionsunterrichts gehalten. Sie ist ins EKG als Nr. 148,1 aufgenommen worden und spricht davon, dass Gott unser Vater ist, der uns aus dem Nichts geschaffen hat. Ihm hat es gefallen, dass wir durch den Heiligen Geist als seine Kinder geboren sind. Ohne Christus wären wir verloren, weil er das Leben ist.

Mit der zweiten wird das Lied zum Gebet der Gemeinde. Gott der Vater möge den Weg weisen, dass die Kinder ihn im Elend dieser Welt finden und keins vom Glauben abfalle, sein heiliges Wort möge sie in Gehorsam bewahren und vor allem Leid behüten.

Die dritte und letzte Strophe ist ebenfalls ein Gebet und „Zů beschlussz der kinder predig“ zu singen. Auch sie stand schon im EKG (Nr. 164) und ist ins EG übernommen worden. Ihr Originaltext lautet:

DV hast vns lyb vñ seel gespyßt
nun gib vns das wir läben:
Das vnser gloub vñ lieb dich pryß
die vns din gnad můß geben.
Das durch din trüw
die sünd vns rüw
von d' vns hat gewäschē.
Christus din son
dann sin Blůt fron
hat vns die hell erlöschen.

Der Dichter des Liedes, Thomas Blarer, weist sich zu Beginn mit den Buchstaben „T. B.“ aus. Er gehörte als Theologe zu den Reformatoren der Stadt Konstanz und als Bürgermeister zu deren Honoratioren. Am Zustandekommen des neuen Gesangbüchleins, das von Johannes Zwick herausgegeben worden ist, war er maßgeblich beteiligt.

Der Gedanke einer Speisung von Leib und Seele könnte ganz allgemein als eine dankbare Erinnerung an die alltägliche Versorgung verstanden werden, die vor allem die Kinder zu Glauben, Liebe und einem bußfertigen Leben anregen möge. Auf jeden Fall gehörte das Lied für die Konstanzer Evangelischen in den Bereich der Katechetik, nicht der Abendmahlspraxis. Letztlich hat aber die Rede von der Speisung des Leibes und der Seele dazu geführt, dass man die Strophe 3 auf das Abendmahl bezogen hat. Sie hat sich als Abendmahlslied selbstständig gemacht und den Weg in die Gesangbücher gefunden.[1] Um den Bezug zum Abendmahl noch deutlicher zu machen, hat Arno Pötzsch 1941 an Stelle der ersten beiden Strophen Blarers drei neue gedichtet, die sich direkt auf das Abendmahl beziehen, und als vierte Strophe die Schlussstrophe Thomas Blarers angehängt (EM 526: *Du hast zu deinem Abendmahl als Gäste uns geladen*). Damit ist das ganze Lied ein Gebetslied geworden und zugleich endgültig aus dem katechetischen Bereich in den liturgischen ausgewandert. Im EG stehen die Strophen Pötzschs als eigenständiges Lied unter Nr. 224.

WOLFGANG HERBST

[1] So z. B. im *Thüringer evangelischen Gesangbuch* 1932 (Thüringer Regionalteil Nr. 408).

230 Schaffe in mir, Gott, ein reines Herze

EG 230 EM 276

Text

Vorlage Ps 51,12f **Quelle** s. u. **Strophenbau** biblische Prosa **Verbindung TM** s. Kommentar * Z V,8628–8629 (Varianten der Melodie EG 230 und Eigenmelodien des 17.–19. Jh.)

Melodie

Incipit 3_1_2_3_ 4_.3_2_1_ 2_2_ **Verfasser** Johann Georg Wiener **Entstehung** Aus dem 4st. Satz Johann Georg Wieners entstanden mehrere Melodien für dieses Lied (Z V,8628b–n), u. a. auch die der Fassung des EG zugrundeliegende Version im Choralbuch Dretzels. **Vorlage** *CANTIONALE SACRUM, Das ist/ Geistliche Lieder/ von Christlichen und Trostreichen Texten/ Mit 3. 4. 5. oder mehr Stimmen unterschiedlicher Autorum* [...], Gotha 1648 (DKL 1648[24]; vierstimmiger Satz von Johann Georg Wiener; Z V,8628a) **Quelle** *Des Evangelischen Zions Musicalische Harmonie, Oder: Evangelisches Choral-Buch,* [...], hg. Cornelius Heinrich Dretzel [...], Nürnberg 1731 (DKL 1731[03]) **Ausgabe** Z V,8628d **Ambitus** G: 7b; Z: 453455 **Abweichungen** Q: Melodie mit Generalbass; Taktvorzeichnung C; Taktstriche; Quinte höher; Z. 1 und 4 sind jeweils zweigeteilt (durch Fermaten und Pausen); Z. 1, N. 4, 5, 10 je mit Fermate, N. 5 Halbe mit Viertelpause; Z. 2–3, letzte N. je mit Fermate; Z. 4, N. 4, 10 je mit Fermaten, N. 4. Halbe mit Viertelpause; Z. 5, N. 6 mit Fermate; Z. 6 durchgängig Viertel außer N. 6, 7: Achtel * EM: 4st. Satz (Paul Ernst Ruppel 1957/2000); Z. 1 endet Halbe g' Viertelpause, da Text *Herz* **Verbindung MT** wie EG

Literatur

HEG II,78f.349 * ThustB, 228 * EEKM III,156–158 * SCHLUNK **1951**, 305 * RÖDER, Thomas / WAGNER, Rudolf: Dretzel 10. Georg Heinrich (II), in: ²MGG Personenteil 5 (**2001**) 1411–1413

Das Lied hat nur eine einzige Strophe, und die ist keine Liedstrophe im üblichen Sinn, sondern ein vertonter Bibelspruch. Sein Text ist den Versen 12 und 13 von Psalm 51 entnommen, der nach kirchlicher Tradition zu den sieben Bußpsalmen gezählt wird. Gleich das erste Wort erinnert an den göttlichen Schöpfungsakt 1. Mose 1,1: *Am Anfang schuf Gott Himmel und Erde.* Die Bitte um ein reines Herz entspricht im Sinne des hebräischen Parallelismus der Bitte um einen neuen Geist, von dem auch in Hesekiel 36,25–26 die Rede ist: *Von all eurer Unreinigkeit und von allen Götzen will ich euch reinigen. Und ich will euch ein neues Herz und einen neuen Geist in euch geben.* Der von Gott verliehene Geist schafft die Zugehörigkeit zu ihm und die Gemeinschaft mit ihm. Martin Luther muss empfunden haben, dass das Wort vom *neuen gewissen Geist* in

Vers 12 erklärungsbedürftig ist. Er selbst hat deshalb in der „Biblia germanica" von 1545 am Rande vermerkt, was es bedeutet. Er schreibt: „Das ist / Ein Geist der im glauben on zweiuel vnd der sachen gewis ist / vnd sich nicht jrren noch bewegen lesst / von mancherley wahn / gedanken / leren etc. Als die Dünckler / Zueifeler sind." Weil das Wort „gewiss" heute eine schillernde Bedeutung hat, heißt es in neueren Bibelübersetzungen genauer *und gib mir einen neuen beständigen Geist* (Einheitsübersetzung 1980 und Lutherbibel 1984) oder *einen festen Geist erneure in meinem Innern* (Martin Buber 1976).

In Vers 13 wird das zugewandte Angesicht Gottes als Zeichen seiner Gnade verstanden. Es ist derselbe Gedanke, dem wir im aaronitischen Segen begegnen (4. Mose 6,25f): *Der Herr lasse sein Angesicht leuchten über dir und sei dir gnädig.* Wem Gott sein leuchtendes Angesicht nicht zuwendet, der ist aus dem Blickfeld Gottes geraten und verliert auch die Verbindung zu Gottes heiligem Geist. Wen Gott aber anschaut, auf wen er seine Augen erhebt, dem schenkt er Frieden (schalom).

Das Lied wird in den Gesangbüchern ganz unterschiedlich eingeordnet. Sofern es nicht in der Abendmahlsliturgie (vor der Präfation) vorkommt, steht es entweder unter „Beichte" (EG 230) oder unter „Gnade und Umkehr" (EM 276) oder bei den Pfingstliedern (Sachsen 1883, Nr. 153).

Von seiner Entstehung her ist *Schaffe in mir, Gott, ein reines Herze* kein Gesangbuchlied, sondern Teil der Abendmahlsliturgie.[1] Johannes Zahn (1889ff) ordnet die Strophe in den Anhang seines Werkes ein, der unter dem Titel steht „Einige liturgische Gesänge meist mit Texten in Prosa, welche im Gemeindegesang Eingang gefunden haben." Speziell für Jugend- und Kindergottesdienste finden wir den Singspruch anstatt eines Kyrie in Baden[2], aber auch in anderen Landeskirchen war er an dieser Stelle üblich.

Aus dem liturgischen Gebrauch des gesungenen Bibelspruchs im Rahmen der Abendmahlsliturgie erklärt sich auch die große Anzahl von Varianten der auf Johann Georg Wiener[3] (Winer) zurückgehenden Melodie. Die ausschließlich mündliche Überlieferung über Generationen hinweg hat dazu geführt, dass Cornelius Heinrich Dretzel in sein Choralbuch bereits 1731 nicht weniger als fünf verschiedene Fassungen des Liedes aufgenommen hat. Alle stehen bei ihm unter der Überschrift „Pfingst-Lieder". Die Variantenbildung setzte sich bis in die neueste Zeit fort. In den Vorentwurf zum EG von 1988 hat die Fassung des niedersächsischen Anhangs zum EKG Eingang gefunden. Aber die Notierung wurde danach noch einmal geändert und erhielt in der Endfassung des EG durch den Wegfall der Taktbezeichnung und den Ersatz der Taktstriche durch Mensurstriche den Anschein des Alten.

Alle Melodievarianten folgen einem einfachen Schema. Die Kadenz Tonika – Subdominante – Dominante – Tonika steuert die Tonfolge und gibt der

[1] Z.B. Bayern 1916, Nr. 188; EKG Sachsen, Liturg. Anhang, S. 92.

[2] GB für die evangelisch-protestantische Kirche in Baden 1948, Anhang Nr. 537, und im EKG Baden, Gottesdienstordnungen S. 18*.

[3] Schreibweise des Namens in den kirchlichen Archiven.

Melodie ein harmoniebetontes Gepräge. Sie kreist um den Grundton *f'* und beschränkt sich im Wesentlichen auf den Raum einer Quinte. Nur einmal überschreitet sie diesen bei dem Wort *Gott* um einen Halbton, und einmal unterschreitet sie ihn um einen Ganzton bei *Angesicht.* Durch diese Beschränkung wirkt die Melodie sehr schlicht und ist leicht eingängig. Sie hat in den verschiedenen Überlieferungen unterschiedliche Länge, nämlich 11, 14, 17 oder 18 Vierviertelaktakte. Auch das spricht für eine ungeordnete mündliche Weitergabe.

Wolfgang Herbst

281 Erhebet er sich, unser Gott

EG 281 (ö) RG 44

Text

Verfasser Matthias Jorissen **Vorlage** Ps 68 **Quellen** (a) *Neue Bereimung der Psalmen, bestimmt für die reformirten deutschen Gemeinen im Grafenhaag und Amsterdam* (M. Jorissen), Wesel, Grafenhaag und Amsterdam 1798 (DKL 1798[06]) * (b) *Die Psalmen Davids neu übersetzt und in Reime gebracht. Neue und verbesserte Auflage* (M. Jorissen), Elberfeld 1806 * (c) revidierte Fassung des vollständigen Liedes in *Evangelisch-reformiertes Gesangbuch*, hg. von der Evangelisch-reformierten Kirche in Nordwestdeutschland, Frankfurt a. Main [6]1956 **Ausgabe** Die Psalmen Davids, in Reime gesetzt durch Matthias Jorissen, nach der Ausgabe von 1818 mit einer Einleitung von Michael Lohrer, Rödingen 2006 **Überschrift** (a) *Psalm 68* * (b) *Psalm 68. Siegeslied bei einer großen Feierlichkeit zu singen. Siehet zugleich auch auf den Messias* (c) *Psalm 68* **Strophenbau** A8/4a A8/4a A7/3b-, A8/4c A8/4c A7/3b-, A8/4d A8/4d A7/3e- A8/4f A8/4f A7/3e- vgl. Frank 12.4 **Abweichungen** (a) Str. 1 (EG) ist zusammengezogen aus 1,1–6 (orig.) und 2,7–12 (orig.). Die ausgelassenen Originalverse 1,7–12 und 2,1–6 lauten: *Wie Rauch verwehet, so verweh'/ Der Schwarm, dass Keiner feste steh'!/ Wer sich nicht will besinnen,/ Sich fort in Sünd und Lastern wälzt,/ Muß, wie das Wachs beim Feuer schmelzt,/ Vor Gottes Blick zerrinnen.// Die Frommen aber steh'n erfreut,/ Bey Gottes großer Herrlichkeit,/ Vor seinem Angesichte./ Voll Freude dringen sie hervor,/ Und hüpfen Alle hoch empor,/ Bestrahlt von Seinem Lichte* 2,5 unsrer Witwen *Richter* 2,7 der *Verlaßne* liebt 2,10–12 Er macht sein Volk *die Sklaven* los/ *Bereichert sie und macht sie* groß,/ *Setzt* Sünder in *die* Dürre; nach 2: 4. *Du gabst von Deinem Thron Befehl;* 5. *Doch Deine Kinder setzest Du;* 6. *Gab unser Gott Befehl zum Krieg;* 7. *Wenn ihr bey euren Tränken ruh't;* 8. *Was siehst du stolz auf uns herab;* 9. *O welch ein Zug! Gott fährt empor;* nach 3: 11. *Gott spricht, und schrecket Seinen Feind;* 12. *Wenn Du durch Deinen Siegesfürst;* 13. *Ihr Chöre sing't, erhebet gern;* 4,7 Dann sehen *Fürsten*; nach 4: 15. *Bezwinge Herr nun, wie zuvor;* 16. *Ihr Königreiche dieser Welt;* 5,1 Gott, *furchtbar ist dein* Heiligtum * (b, c) Abweichungen vergleichbar mit (a) * RG: Str. 1 und 3 neu (Hans Bernoulli 1990/98); Str. 2 entspricht EG Str. 3 **Verbindung TM** wie EG

Melodie

s. *O Mensch, bewein dein Sünde groß* (EG 76)

Literatur

HEKG I/2,304; III/2,21f; Sb 285–287; HEG II, 108f.170–172; ThustB, 258; KULPO, 324; KULPW, 385–387; NELLE [3]**1924**, Nr. 528; HOSSFELD, Frank-Lothar/ZENGER, Erich: Psalmen 51–100, Freiburg/Basel/Wien **2000**; HENKYS, Jürgen: Die Neufassung und Ergänzung unvollständiger Psalmliedstrophen durch Matthias Jorissen, in: Peter Ernst Bernoulli/Frieder Furler (Hg.), Der Genfer Psalter. Eine Entdeckungsreise, Zürich [2]**2005**, 181–189 (183f).

Jorissens Liedfassung von Psalm 68 ist in der 2. Auflage überschrieben: „Siegeslied bei einer großen Feierlichkeit zu singen“. Diese Überschrift hält die beiden Hauptmerkmale des biblischen Psalms fest, die bis in die gegenwärtige Exegese hinein gültig sind: Der Psalm kreist um einen Sieg, und dieser Sieg wird im Kult besungen. Es ist der Sieg des richtenden Gottes Israels. Mit seinen 36 Versen ist der Psalm recht lang. Er ist in Einzelheiten auch schwer zu deuten. Beides lässt sich durch Wachstum und Deutungswandel im Lauf einer langen Überlieferung (Königszeit, exilisch, nachexilisch) erklären.

Theodor Beza entschied sich bei seiner französischen Bereimung (erstmals erschienen in Genf 1562) für die 12-zeiligen Langstrophen und damit auch für ihre in Straßburg seit 1525 bekannte Melodie von Matthäus Greiter (vgl. HEG 3, H. 3, 42). Es ist vor allem diese Melodie, die dem Psalmlied Bezas seine Strahlkraft verliehen hat. Wenn der Genfer Psalter auch „Hugenottenpsalter“ genannt wird, verweist der Name auf die blutige Verfolgung der französischen Protestanten im 17. Jh. Denn die Psalmen waren ihr Bekenntnisgesang in Kampf und Leiden, ja sie wurden bei den hugenottischen Heerhaufen auch zum Schlachtgesang. In den Kommentar zu *Erhebet er sich, unser Gott* bei KulpW ist ein seitenlanges Zitat aus einer französischen Quelle eingefügt, das überaus lebendig von der kriegerischen Macht der gesungenen Psalmen, insbesondere des 68. Psalms, erzählt (286f). Diese Erfahrung lebte fort auch im Gedächtnis der niederländischen „Kirche unter dem Kreuz“. So erwähnt Wilhelm Nelle, dass der als nationaler Held verehrte Burenpräsident Paul Krüger bei seiner Ankunft in Amsterdam im Jahr 1900 von einer 30 000-köpfigen Menge mit dem Gesang von Psalm 68 begrüßt wurde. Nelle selbst, so erzählt er begeistert, habe beim Deutschen evangelischen Kirchengesangstag 1902 erlebt, wie Tausende von Sängern sich dieses Liedes geradezu inbrünstig bemächtigten. „Hier haben wir ein Lied für Krieg und Sieg, das seinesgleichen sucht.“ (Nelle 303)

Spricht eine solche Geschichte gegen das Lied? Sie spricht zunächst nur für das Bedürfnis, ein Lied mit eigener Befindlichkeit aufzuladen und als eigenen Ausdruck weiterzutragen. Im umgekehrten Fall wäre ein Lied auch nicht schon dadurch erledigt, dass es Abwehr hervorruft – hier etwa gegen ein unzeitgemäßes Pathos, das darin wahrgenommen wird. Solche Auf- oder Abwertungen eines Liedes, Um- und Neudeutungen eingeschlossen, sind Indikatoren dafür, wer die Singenden selbst sind. Eine Liederklärung wird davon nicht unberührt bleiben. Sie bringt allerdings Gesichtspunkte ins Spiel, die dazu einladen, mitgebrachte Urteile noch einmal zu überprüfen und sich auch für Entdeckungen anderer Art zu öffnen.

Jorissens Lied hat ursprünglich 17 Strophen. Schon im Evangelischen Gesangbuch für Rheinland und Westfalen 1893 war es auf die vier Strophen verkürzt worden, mit denen es auch noch im EKG stand. Im EG hat man dann die erste Hälfte von Strophe 1 des Originals (*Erhebet er sich, unser Gott ...*) mit der zweiten Hälfte (*... Lobsinget Gott, die ihr ihn seht*) der originalen Strophe 2 verbunden. Neu im Verhältnis zum EKG ist die Übernahme von Strophe 3 des Originals, die damit zur Strophe 2 wurde (*Der Herr, der dort im Himmel wohnt*). Die EG-Strophen 3–5 entsprechen den EKG-Strophen 2–4.

Viel großzügiger als die für das EG zuständigen Gremien ist die von ihnen unabhängige Psalmenkommission der Evangelisch-reformierten Kirche mit Jorissens Psalmlied umgegangen: Sie hat von den 17 Strophen neun übernommen! Auch in der Revision von Einzelstellen gibt es Unterschiede. Wer sich mit unserm Lied näher beschäftigen will, aber ohne die schwer erreichbare Urfassung auskommen muss, sollte den Liedpsalter der EG-Ausgabe für die Evangelisch-reformierte Kirche oder dessen Gütersloher Sonderdruck zur Hand nehmen.[1]

Strophe 1: Sie nimmt die biblischen Verse 2f und 5 auf. Jorissens Lied beginnt mit einem Nebensatz, der eine Bedingung nennt (Konditionalsatz): *Erhebet er sich, unser Gott.* Das mag befremdlich wirken. Erklären lässt es sich aus Jorissens Lutherbibel. Wo wir heute zwei Hauptsätze lesen: *Gott steht auf; so werden* ..., hieß es ursprünglich in Wunschform: *Es stehe Gott auf, dass* ... Im Lied zur erwünschten Voraussetzung umformuliert: *Erhebet er sich* [...], *seht wie* ... Über den Luthertext hinaus macht Jorissen Gottes Feinde zu frechen Spöttern. Wichtiger noch: Ihre panische Flucht wird ausgelöst durch den Schrecken, den Gottes *furchtbar majestät'scher Blick* auslöst. Nicht äußere Gewaltanwendung führt zu dem Sieg, der hier besungen wird, sondern ein herrscherlicher Auftritt Gottes, konzentriert im Blitz eines furchterregenden Blicks. So auch noch einmal bei dem im EG übergangenen Strophenschluss: Wer sich nicht besinnen will, *Muß, wie das Wachs beim Feuer schmelzt,/ Vor Gottes Blick zerrinnen.* Schon darum sollte sich die Verwendung unseres Liedes als religiös-nationaler Kriegsgesang verbieten. – Für Frank-Lothar Hossfeld ist die Einheit V. 2–4 das Präludium des Psalms. Es ruft im Anschluss an den Ladespruch 4. Mose 10,35 das Gericht Gottes über alle seine Feinde aus. Es folgt ein Aufruf zum Lob. Dessen Anfang (V. 5) macht den Schluss der Strophe 1 aus. Zeittypisch kommt Gott hier der Ehrentitel *Majestät* zu, bevor, wie im biblischen Text, sein im Tetragramm verborgener heiliger Eigenname erscheint. *HERR ist sein Nam, erhebet ihn.*

Strophe 2: Dass sie in das gekürzte Lied neu eingefügt worden ist, muss man sehr begrüßen. Denn der Fortgang des hymnischen Aufrufes (V. 6f), auf den sie sich bezieht, ist durch einen Überlieferungsstrang geprägt, der bei Hossfeld „Armentheologie" genannt wird. Leider ist die Originalfassung der Strophe an mehreren Stellen verletzt worden. Jorissen schrieb, der Herr will *unsrer Witwen Richter* sein. *Helfer,* wie es in 2,5 jetzt heißt, ist eine abschwächende Generalisierung: Frauen, deren Mann verstorben ist, brauchten bei gerichtlichen Auseinandersetzungen einsichtsvolle und gerechte Anwälte und Richter. Um eine Spiritualisierung handelt es sich bei der Änderung in 2,7: *Verlassne* (Hossfeld übersetzt in V. 7: „Alleinstehende", nämlich Familienlose) wurde durch *Verlorne* ersetzt. Zu den Waisen, Witwen und Verlassenen kommen noch die Gefangenen. Die unkorrigierten Zeilen 2,10–12 hießen: *Er macht sein Volk*[,] *die Sklaven*[,] *los,/ Bereichert sie und macht sie groß,/ setzt Sünder in die Dürre.* Insgesamt: Gottes Sieg kommt gerade den Benachteiligten seines Volkes zugute!

[1] Der Psalter, Gütersloh 1997 (mit zwei Geleitworten und einer Einführung).

Strophe 3: Sie haftet an den biblischen Versen 20 und 21. Ursprünglich erst an zehnter Stelle, schließt sie sich doch recht gut an Str. 2 an. Jetzt steht sie in der Mitte des Liedes – eine reine Anbetungsstrophe, mit deren Anfang Jorissen an die hymnischen Stücke in der Offenbarung des Johannes erinnert. Überhaupt hat der Psalmlieddichter hier viel Platz zu eigener Erweiterung und Gestaltung. Neben der Lutherübersetzung erkennt man auch, dass ihm, einem Pfarrer deutscher Gemeinden in den Niederlanden, die „Statenbijbel" und die davon abhängige „Statenberijming" von 1773 völlig vertraut ist. Der *Gott vollkommner Seligkeit* stammt aus der offiziellen Bibelübersetzung seines Gastlandes (V. 21), und die Wendung *Er kann, er will, er wird in Not* ist Zitat aus dem dort offiziellen Reimpsalter.

Strophe 4: Der schwierige V. 29 besteht in der originalen Lutherübersetzung und auch in der „Statenbijbel" aus einer Anrede an Israel und einer Bitte an Gott. Dabei geht es um Israels Teilhabe an Gottes Stärke (Luther 1534: *Reich*). Jorissen erweitert beide Versteile zu jeweils drei klar verständlichen Liedzeilen: ‚Du, Volk Gottes, lebst allein von seinen Werken. Und du, Herr, lass doch deine Stärke uns allen zugute kommen!' Aber das Ziel des Handelns Gottes geht über das Heil seines Volkes noch hinaus: Auch die *Herrscher* umher (im Original *Fürsten*) sollen ihm huldigen. Sie werden es nach V. 30 mit Gaben und Gesängen in Gottes (Jerusalemer) Heiligtum tun. Jorissen erweitert: Sie werden *in deiner Gnade sich erfreun*. Ihr dereinst wahrer Gottesdienst wird also nicht nur zerknirscht und pflichtschuldigst geleistet. Werden sie doch mit der vollen Gotteserkenntnis beschenkt! Das ist die eschatologische Erfüllung der Vaterunserbitte *Dein Reiche komme.*

Strophe 5: Die ursprünglich 17. Strophe hat nur noch einen Psalmvers, den letzten (V. 36), zur Vorlage. Ganz konsequent beließ es Theodor Beza in seiner Bereimung bei einer sechszeiligen Halbstrophe. So taten es in seiner Nachfolge auch der deutsche Ambrosius Lobwasser (1573) und die niederländischen Psalmdichter bis hin zur „Statenberijming". Die Melodie lässt eine solche Verkürzung zur Not zu, aber eine gute Lösung ist es nicht. Jorissen war in der Genfer Psalmliedtradition der erste, der solche Halbstrophen am Ende des Liedes auffüllte (vgl. Henkys 2005). Hier gestaltete er die Schlussstrophe zu einem wahrhaft pathetischen Finale. Er lässt die Gemeinde in der Wir-Form singen. Dabei scheut er auch nicht den Gestus des Niederfallens, von dem man doch meinen sollte, dass er gerade im calvinistischen Gottesdienst befremdend wirkt. Siebenmal setzt er (im Original) ein Ausrufezeichen. Auch von der affektverstärkenden Satz- und Wortwiederholung (Anapher) macht er zweimal Gebrauch. Das auf tiefe seelische Bewegung zielende Wort *erschütternd* kommt im Gesangbuch nur hier vor, ebenso – auf der Gegenseite der Gefühlsskala – das Wort für die leise, liebevolle Berührung: *zärtlich*. Schließlich sei auf *Sein Auge hat uns stets bewacht* hingewiesen. War es in der Eingangsstrophe Gottes *furchtbar majestät'scher Blick*, der die Feinde zurückschrecken ließ, so ist es am Schluss sein treu wachendes *Auge*, das für den Schutz der ganzen Gottesgemeinde einsteht. Dennoch konnte Jorissen an den Anfang der Schlussstrophe den Ausruf stellen: *Gott, furchtbar ist dein Heiligtum!* Hier war er wieder von seinen beiden niederländischen Quellen abhängig, in denen er *vreselijk* las. Trifft die Änderung von *furchtbar* in *machtvoll* den Sinn des Satzes? Hossfeld übersetzt in V. 36: „furchtgebietend“. Das alte Bundesvolk hat auch bei der Bezeugung der gnädigen Nähe Gottes nie den Abstand weggewischt, den der Mensch ihm gegenüber eingestehen, ja erfahren muss. Luther hat es in seiner unverlierbaren Deutung des Ersten Gebotes auch für evangelische Christen verbindlich gemacht: *Wir sollen Gott über alle Dinge fürchten, lieben und vertrauen.*

Das Lied steht im Gesangbuch, aber wird es auch gesungen? Wo man in reformierten Kirchen und Gemeinden die Tradition des strophischen Psalmengesangs bewusst pflegt, wird man ohne Anstoß auch alle ausgedruckten Strophen ansetzen. Die hymnodische Paraphrase des biblischen Textes bedarf keines besonderen Anlasses und auch keiner Rechtfertigung. Anders in den lutherisch geprägten Gottesdiensten, wo die Liedauswahl dem Proprium de tempore, der Predigt und den jeweils aktuellen Anliegen verpflichtet ist. Hier wird man die mythologische Prägung gerade der erste Zeilen des Liedes wohl als Blockade empfinden. Dennoch: Die anderen Strophen sollten damit nicht von vornherein übergangen werden. Besonders für die Strophen 2 und 3 gibt es im Gottesdienst mannigfache Haftpunkte: Der himmlische Herr beugt sich nieder zu den Verlassenen. Die irdische Gemeinde hebt ihre Stimme zu Ihm auf in Anbetung und Dank. – Auch einmal eine Einzelstrophe anzusetzen ist gerade dann sinnvoll, wenn es sich, wie bei EG 281, um weit ausgreifende Zwölfzeilengebilde handelt.

Jürgen Henkys

282 Wie lieblich schön, Herr Zebaoth

EG 282(ö) (RG 47)

Text

Verfasser Matthias Jorissen **Entstehung** vor 1793 **Vorlage** Psalm 84 **Quelle** *Neue Bereimung der Psalmen, bestimmt für die reformirten deutschen Gemeinen im Grafenhaag und Amsterdam* (M. Jorissen), Wesel, Grafenhaag und Amsterdam 1798 (DKL 1798[06]) **Überschrift** *Psalm 84* **Ausgabe** Die Psalmen Davids, in Reime gesetzt durch Matthias Jorissen, nach der Ausgabe von 1818 mit einer Einleitung von Michael Lohrer, Rödingen 2006 **Strophenbau** A8/4a A8/4a A9/4b A8/4c A8/4c A9/4b- A8/4d A8/4d **Abweichungen** 1,1 Wie *reizend* schön; 1,7: jauchzet *Fleisch* und Seel; 4,1: Wir *wallen* **Verbindung TM** wie EG

Melodie

Incipit 1_54321_2_3_ **Verfasser** vermutlich Pierre Davantès **Quelle** *Les Pseavmes mis en rime françoise*, Genf 1562 **Ausgaben** Z III,5868; DKL III/2, Fa69; Pidoux I,84 **Ambitus** G: 8; Z: 54566645 **Abweichungen** große Sexte tiefer; Taktangabe ¢; Z. 1: zweiter Ton Halbe, sechster Ton Viertel; Z. 4 + 5: je vorletzter Ton nicht alteriert * RG: Halbton höher; Taktangabe ¢ **Verbindung MT** O *Dieu des armées, combien* * weitere: O *Gott, der du ein Heerfürst bist* (Lobwasser 1573) * *Mein Leben ist ein Pilgrimstand* (Lippstadt 1738; EKG 303) * *Ich bin ja, Herr, in deiner Macht* (Duisburg/Essen 1810) * *Herr Zebaoth, wie lieblich schön* (Frauenfeld 1868) * *Wie lieblich ist das Haus des Herrn* (Zürich 1886; RG 47)

Literatur

HEKG (Nr. 184) I/2,304f; II/2,82; III/2,22–24; Sb 287f; HEG II,71f.170–172 * ThustB, 258f * PRATT, Waldo Selden: The Music of the French Psalter of 1562. A Historical Survey and Analysis with the Music in Modern Notation, New York **1939**, Nachdruck ebd. **1966**, Nr. 84 * SCHLUNK **1951**, 364 * PIDOUX, Pierre: Die Autoren der Genfer Melodien, JLH 5 (**1960**) 143–146 * PIDOUX, Pierre: Vom Ursprung der Genfer Psalmweisen, MGD 38 (**1984**) 45–63, bes. 52 * WEBER, Édith: Die Melodisten des Genfer Psalters: Franc, Bourgeois, Davantès, in: Peter Ernst Bernoulli/ Frieder Furler (Hg.): Der Genfer Psalter – eine Entdeckungsreise, Zürich ²**2005**, 28–30

Der 84. Psalm handelt vom Tempel, dem Ort der beseligenden Gegenwart Gottes, und von der Wallfahrt dorthin. Erich Zenger nennt ihn eine „Sehnsuchtsklage", eine „Klagegebet […] das fern vom Tempel gebetet wird". „Mit bzw. in diesem Psalm" pilgern die Beter „gewissermaßen ‚geistlich' in den Heiligtumsbereich, um so der Gnade und Herrlichkeit Gottes teilhaftig zu werden." Das gleiche Sehnsuchtsmotiv bestimmt auch den Doppelpsalm 42/43. Auf dem „realen oder geistlichen Weg zum Zion" werden alle selig gepriesen, „die Pilgerwege (hin zum lebendigen Gott) in ihrem Herzen haben" – so nach

Zenger die Übersetzung von V. 6.[1] Diese Deutung mag helfen, unser Psalmlied bei verschiedenen Anlässen anzustimmen oder betend zu lesen: am Beginn des Gottesdienstes allgemein, bei Ordination und Einführung von Pfarrerinnen und Pfarrern, zur Einweihung oder zum Jubiläum einer Kirche – bis hin zum Bedenken des Endes einer ganzen Lebenswallfahrt, wie es einst der reformierte Friedrich Adolf Lampe aus Bremen in seinem Anschlusslied *Mein Leben ist ein Pilgrimstand* (EKG 303) getan hat.

Matthias Jorissen (vgl. H. 14, 54f) folgt der Genfer Psalmliedtradition und hält sich genau an die Versfolge der biblischen Vorlage: Seine sechs Strophen decken von V. 2 bis V. 13 je einen Doppelvers ab. In dieser Abfolge genau und vollständig zu sein, ist ihm wichtiger, als die formale und inhaltliche Gliederung eines Psalms aufzunehmen. Das Psalmlied soll zu allererst den biblischen Text vertreten. Die paraphrasierende Deutung muss sich dann in dem Rahmen bewegen, den das gewählte Strophenmuster vorgibt. In unserem Fall haben wir es mit einer recht weiträumigen Strophe zu tun. Mit acht vierhebigen Verszeilen gehört sie zu den größeren des Genfer Psalters, und getragen wie beflügelt wird sie durch die eigens für das französische Original geschaffene Melodie von Pierre Davantès. Diese musikalische Schöpfung bleibt bei allem Wechsel der nationalsprachlichen Textfassungen (man vergleiche die Strophenkombination mehrerer Autoren in RG 47) die emotionale Kennmarke des gesungenen 84. Psalms. Sie trägt auch heute noch über Textschwächen hinweg.

Wie [...] *schön*! Das ist der emotionale Auftakt der ersten Strophe, ja des ganzen Liedes. Jorissen schrieb: *Wie reizend schön.* Aus „reizend" wurde später nicht „lockend" (im Sinne von „anziehend"), sondern in Anlehnung an Luther *lieblich* (im Sinne von „lieb", „wert", „teuer"; Vulg.: *dilecta*).[2] „Lieblich" kann im jetzigen Liedtext als pleonastische Verstärkung von „schön" gelten. Der Tempel – die Wohnungen des „Herrn der Scharen" – zieht schon in der Ferne alle Vorstellungen von Schönheit auf sich. Das sehnende Herz kann sich nichts Schöneres denken. Aber Jorissen begründet diese Sehnsucht nicht nur mit dem äußeren Anblick. Sondern er blickt, den Psalmtext interpretierend, auf den Tempel als auf die Stätte der Offenbarung und der Gegenwart Gottes. Eben um dessentwillen jauchzen Leib und Seele dort auf. So bietet die Strophe ein Beispiel für den Ansatz theologischer Ästhetik.

Im selben Sinne ist auch in Strophe 2 die sinnenhafte Wahrnehmung mit geistlicher Bewegung verquickt. Die Pilgergottesdienste finden im Tempelvorhof statt. Dort nisten auch Vögel. Anders als die Pilger können sie Dauergäste sein. Jorissen folgert: *Du gibst Befriedigung* (das Wort kommt nur einmal im Gesangbuch vor) *und Leben.* Und er appliziert: *Du wirst auch mir* [...] *bei deinem*

[1] Frank-Lothar Hossfeld/Erich Zenger, Die Psalmen II. Psalm 51–100, Würzburg 2002, 469–470.

[2] Im französischen Urtext des Genfer Psalters (Clement Marot et Théodore de Bèze, Les Psaumes en Vers Français avec leurs mélodies [...], Facsimile der Genfer Edition 1562, Genf 1986) heißt es in Psalm 84 von Gottes heiligem Zelt, es sei *sur toutes choses aimable* (liebenswerter als alle Dinge). Das part. pr. von *aimer* (lieben) ist *aimant* (liebend) und heißt auch „Magnet". Vielleicht ist Jorissens *reizend* i. S. von anziehend auf diesem Weg zustande gekommen.

Altar Freude geben. Die abschließende „Seligpreisung" resümiert: Das Lob Gottes ist erfreulich! Wohl dem, der an dieser Gottesfreude für immer teilhat!

Die ersten beiden Strophen haften am ersehnten Ziel der Pilger, die Strophen 3 und 4 dagegen an ihrem Weg. So ist es schon bei der eröffnenden neuen „Seligpreisung". Sie lautet in der Einheitsübersetzung: *Wohl den Menschen, die Kraft finden in dir, wenn sie sich zur Wallfahrt rüsten.* Jorissen hält sich allerdings an die weniger deutliche Lutherübersetzung. Kraft ist besonders erfordert beim Weg durch das Dürretal (Jorissen: *Tränental*, Luther original: *Jammertal*). Aber auch dort fehlt es nicht an dem *reiche[n] Segensquell* aus der Höhe. Am Anfang von Str. 4 fällt Jorissen in die Mehrzahl der 1. Person: *Wir wandern in der Pilgerschaft,* um in der folgenden Bitte auch die Einzahl, das singende Ich, einzuflechten: *Erquicke mich auch mit den Deinen;/ bis wir vor deinem Throne stehn* – ein schönes Beispiel geistlicher Weggemeinschaft.

Die beiden Schlussstrophen bestehen aus Gebets- und Bekenntnisworten, wie sie am endlich erreichten Ziel, im Tempel, erklingen. Schon ein einziger Tag im Haus Gottes wiegt tausend ohne Gottes Nähe auf. Selbst ein Platz auf der Schwelle ist besser, als *lang in stolzer Ruh der Welt* (eine auslegende Wendung des Dichters) unter den Bösen zu wohnen. Die Formeln *Sonne und Schild* für Gottes erleuchtende und bewahrende Heilsgegenwart und *Gnad und Ehre* für seine Heilsgaben übernimmt Jorissen aus dem vertrauten Luthertext. Eine dritte „Seligpreisung" schließt Psalm und Lied ab. Wie in der zweiten, am Anfang von Str. 3, betont Jorissen auch hier (vielleicht um des Reimes willen, aber doch mit sachlichem Recht) den Raum der Bewährung: Es ist die *Welt*, in der ein Mensch an Gott festzuhalten bestimmt ist, und wer dort treu bleibt, wird glücklich gepriesen. „Diese ‚Tempelfrömmigkeit' ist nicht kultisch enggeführt, sondern intendiert eine ethisch relevante Alltagsspiritualität."[3]

Jürgen Henkys

Wie Ambrosius Lobwasser vor ihm, so hat auch Matthias Jorissen die Anordnung der Reime aus dem Genfer Psalter übernommen. Die oben bereits erwähnte recht seltene Strophenform soll hier etwas genauer betrachtet werden, denn sie bildet für den Schöpfer der Melodie einen Rahmen, in den er seine musikalische Form einbetten muss. Auf die Endreime bezogen ergibt sich folgende Ordnung: a a b c c b d d.

Den Mittelteil der Strophe bildet ein umarmend gereimter Vierzeiler (b c c b). Die umarmenden Verse (b) sind die einzigen mit unbetonter Endung. Den Gesamtrahmen bilden zwei Paarreime (aa und dd). Diese symmetrische Struktur des Liedtextes wird vom Melodisten aufgegriffen und weiter entwickelt. Die mittleren Zeilen (cc) sind genau gleich vertont. Die Anfangs- und Schlusszeile umfassen jeweils den Raum einer Quinte über dem Grundton, und beide sind aus genau dem gleichen Tonvorrat gebildet. Die zweite und die vorletzte Melodiezeile umspannen jeweils den Tonraum zwischen *fis* und *h*, und beide enden

[3] So der letzte Satz der Auslegung des Psalms von Erich Zenger, a. a. O., 472.

auf die Tonfolge *a-g-fis*. In der 3. bzw. 6. Zeile übernimmt der Melodist die „klingenden“ Endungen der Verse; nur diese beiden Zeilen schließen mit zwei Halbenoten, wobei die letzte unbetont ist. Für die Melodie ergibt sich somit folgende Form: A B C D D C B A

Um eine in ihrer Mitte gedachte Spiegelachse sind die einzelnen Zeilen symmetrisch angeordnet, wobei die gegenüber liegenden Paare sich, wie beschrieben, jeweils in bestimmten Eigenschaften entsprechen. Pierre Davantès, der seit Pierre Pidoux’ Untersuchungen als Komponist der Psalmen-Melodie gilt,[4] gelang eine formal abgerundete und rhythmisch abwechslungsreiche Vertonung dieser langen Strophe.

Die heute gebräuchliche Melodiefassung weicht in der ersten Zeile von der Genfer Weise ab; dort und auch bei Lobwasser hatte sie folgende Gestalt:

1798, bei Jorissen, wirkt die Melodie der Eingangszeile völlig anders:[5]

Hatte im französischen Original und bei Lobwasser die Halbenote bei *Dieu* bzw. *Gott* ihre Berechtigung, so fügt sich die Viertelnote bei Jorissen an dieser Stelle sehr gut in den neuen Text. Zudem entspricht die kurze Anfangsnote dem jambischen Versfuß. Die rhythmische Gestaltung der Melodie ist übrigens in dem Gesangbuch von 1798 in allen Zeilen gleich wie im Notenbeispiel: Alle Silben außer der letzten sind kurz (Viertelnoten), nur der Zeilenschluss ist jeweils lang (Halbenote). Die Eingangszeile im EG steht zwischen der Genfer Urfassung und der von 1798. Der zweite Ton ist kurz, dafür der drittletzte lang. Das Wort *Zebaoth* erhält durch die drei Halbenoten größeres Gewicht. Und wie die beiden Eingangszeilen im Text durch den Endreim verbunden sind, so zeigt sich ihre Zusammengehörigkeit nun musikalisch in dem übereinstimmenden Rhythmus am Zeilenende.

Im weiteren Verlauf hält sich das EG eng an die Genfer Melodie.

Die Erhöhung des vorletzten Tones der beiden mittleren Zeilen ist jedoch eine spätere Zutat. Im Genfer Psalter steht an dieser Stelle noch ein Ganztonschritt, aber schon in Jorissens Gesangbuch ist er einer Halbton-Wechselnote

[4] Vgl. z. B. dessen Erörterung zu dem nur mit seinem Vornamen benannten Komponisten in der Einführung zu der Faksimile-Ausgabe des Genfer Psalters von 1562: Les Psaumes en Vers Français avec leurs mélodies, Genf 1986, 20–22.

[5] Im Original ohne Taktstriche.

gewichen, wodurch harmonisch eine Ausweichung in die Dominanttonart erfolgt.

Damit das Lied nicht langatmig wird, sollte ein zügiges Tempo gewählt werden. Vor dem Hintergrund des im Textkommentar Gesagten könnte man sich den Psalm gut zum Einzug am Anfang des Gottesdienstes vorstellen.

HELMUT LAUTERWASSER

322 Nun danket all und bringet Ehr

EG 322ö GL 267(ö) RG 235ö+ KG 518ö+ CG 833ö+ EM 74ö

Text

Verfasser Paul Gerhardt **Vorlage** Sir 50,24–26 **Quellen** [(a) *PRAXIS PIETATIS MELICA. Das ist Vbung der Gottseligkeit* (Johann Crüger), Berlin 1647 (DKL 1647[08])] * (b) *PRAXIS PIETATIS MELICA. EDITIO V.* (Johann Crüger), Berlin 1653 (DKL 1653[04]) **Überschrift** [(a) *CLXXXI. Melod. Lobt Gott jhr Christen allzugleich*, zitiert nach FT III, 390] * (b) *222.* **Liturgische Einordnung** (b) *Lob- und Dancklieder* **Ausgabe** FT III, 390 **Strophenbau** A8/4a A6/3b A8/4a A6/3b vgl. Frank 4.34 ‚Chevy-Chase-Strophe' **Abweichungen** (b) 1,1 *NU;* 6,2 *In Israelis* Land * GL: ohne Strophe 3, 4 und 7; 5,4 *in Meerestiefen* **Verbindung TM** (a) ohne N, mit der in der Überschrift genannten Melodie könnte EG 27 (Nikolaus Hermann, DKL 1560[08]) gemeint sein, wahrscheinlicher aber Z I,200 (Crüger, DLK 1640[04]) * (b) wie EG * weitere: Z I,208 (Johann Georg Ebeling; DKL 1667[05]); Z I,209 (Peter Sohren; DKL 1683[15]); Z I,210 (DKL 1687[01]); Z I,211 (Johann Georg Christian Störl; DKL 1710[14])

Melodie

Incipit 1_-6-51_2_332_ **Verfasser** Johann Crüger **Entstehung** 1653, zum Text **Vorlagen** verschiedene Melodien des Genfer Psalters (Genf 1551; Genf 1562; Lobwasser 1573): Ps 118 *Rendez à Dieu louange et gloire*; Ps 89 *Du Seigneur les bontés sans fin je chanteray*; Ps 75 *O Seigneur, loué sera*; Ps 79 *L'Eternel est regnant La terre maintenant* (Z III,3211, 3333, 6002, IV,7191; DKL III/1.3 Eg173, DKL III/2 Eg173A, Fa73, Fa62, Fa79) s. Kommentar **Quellen** *PRAXIS PIETATIS MELICA. Das ist: Vbung der Gottseligkeit, EDITIO V.* (Johann Crüger), Berlin 1653 (DKL 1653[04]) **Ausgabe** Z I,207 **Ambitus** G: 9; Z: 6555 **Abweichungen** Takt: ¢; mit beziffertem Bass * GL, RG, KG, CG: Takt: ¢; mit 4st Satz (nach Crüger 1653; nicht im GL) * EM: Takt: $^3/_2$; mit 4st. Satz (Crüger 1653) **Verbindung MT** wie EG * *Ich singe dir mit Herz und Mund* (Paul Gerhardt; EG 324); *Herr, vor dein Antlitz treten zwei* (Viktor Strauß 1843; EG 238); *Nun aufwärts froh den Blick gewandt* (August Hermann Franke 1889; EG 394); *Nun singe Lob, du Christenheit* (Georg Thurmair 1964; EG 265; CG 829); *Der Herr ist mein getreuer Hirt* (Sigisbert Kraft 1974; RG 15/KG 555/CG 775), *Wasche mich rein von Sünden, Herr* (CG 581)

Literatur

HEKG (Nr. 231) I/2,360f; III/2,146–148; Sb 354–356; HEG II,66–69.71f.110–112 * WGL III,105f; IX,77 * RGL,203.653 * KLL II **1879/1967**, 104 * ÖLK Lfg. 3 * ThustB, 285f * BRUPPACHER **1953**, 46f * FORNAÇON, Siegfried: Johann Crüger und der Genfer Psalter, JLH 1 (**1955**) 115–117 * ALBRECHT, Christoph: Johann Georg Ebeling 1637–1676, MGD 30 (**1976**) 133–142 * DERS: Die Vertonungen der Lieder Paul Gerhardts, insbesondere durch Johann Georg Ebeling (1637–1676), in: Heinz Hoffmann (Hg.), Paul Gerhardt. Dichter, Theologe, Seelsorger 1607–1676. Beiträge der Wittenberger Paul-Gerhardt-Tage 1976, Wittenberg **1976**, 83–106 *

SCHÖNBORN, Hans-Bernhard: Lieder Paul Gerhardts in den heute gebräuchlichen Gesangbüchern, JLH 24 (**1980**) 113–123 * FOSS, Lisbet: Paul Gerhardt. Eine hymnologisch-komparative Studie, Kopenhagen **1995**, 192f * GNAN, Michael: Nachklänge des Buches Jesus Sirach. Von synagogalen Gesängen bis zur Gegenwart, Passau **1996**, bes. 120–128 * BUNNERS **2006**, bes. 259f * DEICHGRÄBER, Reinhard: Nichts nimmt mir meinen Mut. Paul Gerhardt als Meister christlicher Lebenskunst, Göttingen **2006**, 49–52 * HEYMEL, Michael: Nun danket all und bringet Ehr. Meditationen zum Lebenslauf, in: Felizitas Muntanjohl/ Michael Heymel: Auf, auf mein Herz, mit Freuden. Gottesdienste, Gemeindearbeit und Seelsorge mit Liedern von Paul Gerhardt, Gütersloh **2006**, 140–144 * FINKE, Christian: Paul Gerhardt vertont. Eine unvollständige Übersicht über mehrstimmige Fassungen und Kanons seiner Lieder, in: Böttler, Winfried (Hg.): Paul Gerhardt in Kirche, Kultur und Lebensalltag. Beispiele für die Praxis, Berlin **2007**, 157–171 (bes. 167) * KORNEMANN, Helmut: Gottesdienstgestaltung mit Liedern Paul Gerhardts, in: Böttler, Winfried (Hg.): Paul Gerhardt in Kirche, Kultur und Lebensalltag. Beispiele für die Praxis, Berlin **2007**, 81–91* LOERBROKS, Matthias: Nun danket all und bringet Ehr, in: Loerbroks **2007**, 181–185 * MERING, Klaus von: „Vom Aufgang der Sonne". Andachten zu den Kernliedern des Evangelischen Gesangbuchs, Göttingen **2013**, 117–123

Als der Berliner Kantor Johann Crüger im Jahre 1647 die zweite, erweiterte Auflage seines (1640 erstmals erschienenen) Gesangbuches unter dem neuen Titel „Praxis Pietatis Melica" herausgab, nahm er darin auch achtzehn Liedtexte des lutherischen Theologen Paul Gerhardt auf, der wenige Jahre zuvor von Wittenberg als Hauslehrer nach Berlin gelangt war, und stellte ihn so erstmals als Kirchenlieddichter vor. Zur Gruppe dieser frühen Gerhardt-Texte gehört auch das bekannte Lob- und Danklied *Nun danket all und bringet Ehr.*

Wie das noch bekanntere, um 1630 entstandene dreistrophige Lied *Nun danket alle Gott* (EG 321; vgl. HEG III/16, 35–43) von Martin Rinckart nimmt auch Gerhardts neunstrophiges Lied ausdrücklich Bezug auf Kapitel 50,24–26 des Buches Jesus Sirach (Verszählung der Luther-Bibel, sonst 50,22–24), das unter die apokryphen oder deuterokanonischen Schriften des Alten Testaments gerechnet wird. Die Verse stehen dort am Ende eines Abschnittes (Kap. 44–50), der als „Lobpreis der Väter" den großen Gestalten der Glaubensgeschichte Israels nachgeht, bis hin zur zeitgenössischen Führerfigur des Hohenpriesters Simon, dessen glanzvolles Wirken im Tempel das 50. Kapitel schildert. Die Schlussverse 24–26 hat Luther (durch die von ihm hinzugefügte Einleitung *und sprachen*) als Antwort der feiernden Gemeinde auf die Segensworte des Hohenpriesters gedeutet; dem Verfasser des Sirach-Buches galten sie wohl als bündelnder Abschluss des ganzen „Lobes der Väter". Der Dank für die erwiesenen Wohltaten Gottes mündet in die Bitte um seine weiter währende Zuwendung.

Unter den Liedern Gerhardts steht *Nun danket all und bringet Ehr* als Paraphrase einer weisheitlichen Bibelstelle übrigens nicht allein; wenigstens fünf weitere seiner Liedtexte nehmen ausdrücklich auf Verse aus dem Buch der Sprüche oder aus Sirach Bezug.[1] Was allerdings Gerhardt und zuvor schon

[1] *Zweierlei bitt ich von dir* (Spr 30,7–9); *O Gott, mein Schöpfer, edler Fürst* (Sir 23,1–6); *Ein*

Rinckart im Einzelnen dazu veranlasste, gerade Sirach 50, 24–26 zur Liedvorlage zu wählen, wissen wir nicht. Jedenfalls waren zu ihrer Zeit diese Verse in Luther-Bibeln noch nicht durch besondere Drucktypen als bedeutsame „Kernstelle“ hervorgehoben.[2] Möglicherweise weckte aber die Schilderung der instrumental-vokalen Tempelmusik, die nach Sirach 50 den hohepriesterlichen Gottesdienst begleitete, das musiktheologische Interesse. Beachtung verdient jedenfalls die Tatsache, dass namhafte Komponisten des 17. Jh. – so Michael Praetorius (1610), Samuel Scheidt (1620), Johann Hermann Schein (1623), Johann Stobäus (1644), Heinrich Schütz (1650) und Johann Pachelbel (1705) – gerade Sirach 50,24–26 als Textgrundlage von mehrstimmigen Vertonungen benützten.[3]

In der Gesamtausgabe der Lieder Paul Gerhardts, die Johann Georg Ebeling, Crügers Nachfolger als Kantor zu St. Nicolai und als Musik-Direktor der berlinischen Hauptkirchen, in den Jahren 1666/67 – also noch zu Lebzeiten Gerhardts und wohl mit seiner Billigung[4] – in zehn Lieferungen erscheinen ließ, steht *Nun danket all und bringet Ehr* unter der Überschrift „Nun dancket alle Gott“. Das kann sich sowohl auf die Eingangszeile von Rinckarts Lied als auch auf die Stelle Sirach 50,24 beziehen, die beiden Liedern zugrunde liegt.

Der biblische Vorlagentext besteht aus zwei gleich langen Teilen: Aufforderung zu Dank und Lob (4 Teilverse in V. 24) und Bitte (4 Teilverse in V. 25.26). Rinckart übernimmt für seine Liedfassung diese Zweiteilung, indem er den Inhalt der Sirach-Stelle „gleichmäßig“ auf zwei achtzeilige Strophen verteilt und daran eine trinitarische Doxologie als dritte Strophe anschließt. Gerhardts Paraphrase ist breiter angelegt und beansprucht neun vierzeilige Strophen; auch sie folgt recht genau der biblischen Vorlage, bis hin zu wortgetreuer Übernahme einzelner Wendungen von Luthers Übersetzung. Deren letzte Teilaussage (*und erlöse uns, solange wir leben*) dehnt er allerdings auf doppelte Länge (Str. 8 und 9) aus und zieht dabei die die Todesgrenze übersteigende Perspektive, die bei Rinckart erst angedeutet ist (2,8: … *erlösen hier und dort*), kräftig aus.

Im folgenden Durchgang durch die einzelnen Strophen wird Gerhardts Aussageabsicht noch detaillierter dargestellt werden. Zuvor aber noch ein Hinweis zur sprachlichen Form: Gerhardt verwendet für seine Liedparaphrase die knappe

Weib, das Gott den Herren liebt (Spr 31,10–30); *Herr, aller Weisheit Quell und Grund* (Spr 7–9); *Ich danke dir mit Freuden* (Sir 51).

[2] Als „Kernstelle“ begegnet Sir 50,24–26 – nach der freundlichen Auskunft von Hartmut Hövelmann – erstmals in der Lüneburger Bibel von 1664, vermehrt seit der von Philipp Jakob Spener besorgten Leipziger Ausgabe von 1694 zunächst in pietistischen, dann auch in eher orthodoxen Ausgaben der Lutherbibel. Seit Mitte des 18. Jh. führen alle Bibelausgaben, die Kernstellenmarkierungen haben, auch Sir 50,24–26 als solche auf (vgl. auch Hartmut Hövelmann: Kernstellen der Lutherbibel. Eine Anleitung zum Schriftverständnis. Texte und Arbeiten zur Bibel, hg. von der Deutschen Bibelgesellschaft, Bd. 5, Bielefeld 1989, bes. 141).

[3] Vgl. Gnan, 120–128.

[4] Das wirft bei zwei Textstellen, die bei Ebeling 1667 (und in den späteren Auflagen von Crügers „Praxis Pietatis Melica“ seit 1672) anders lauten als im Original, die Frage auf, ob es sich hierbei um Autorenkorrekturen Gerhardts handeln könnte, nämlich bei *in unserm Stand* (6,4) sowie bei *und bleib, auch wenn wir von der Erd / abscheiden, unser Teil* (8,3.4).

vierzeilige Form der Chevy-Chase-Strophe, die mit ihren durchgehend betont schließenden jambischen Zeilen im Kreuzreim im englischsprachigen Kirchenlied (als „common meter") weit häufiger begegnet als im deutschsprachigen. Ein Vorbild mag Gerhardt allenfalls an Nikolaus Hermans Weihnachtslied *Lobt Gott, ihr Christen alle gleich* (EG 27) gefunden haben. Doch wurde diese Strophenform eigentlich erst durch die Beispiele, die Gerhardt selber beisteuerte, im deutschen Kirchengesang heimisch: Neben *Nun danket all und bringet Ehr* ist da vor allem an das inhaltlich nahe verwandte und 1653 erstmals gedruckte *Ich singe dir mit Herz und Mund* (EG 324) zu erinnern.[5]

Strophe 1 setzt ein mit der doppelten Aufforderung *Nun danket all und bringet Ehr;* die Erweiterung *(und bringet Ehr)* lässt an die Psalmen 29,1f und 96,7 denken. Gerhardt entfaltet und differenziert das unspezifische *Nun danket alle Gott* (Sir 50,24) im Blick auf die „Ausführenden" und ihren Ort: einerseits die Totalität der *Menschen in der Welt,* andererseits *der Engel Heer im Himmel* (wie in Anlehnung an Psalm 148,1f formuliert ist), in deren immerwährendes Lob aktuell *(nun)* einzustimmen ist. Rinckart dagegen hebt auf die Vielgestaltigkeit und Vielsinnigkeit des menschlichen Tuns *mit Herzen, Mund und Händen* ab (dort 1,2). In 1,4 heißt es, dass *der Engel Heer* das Lob Gottes *im Himmel stets vermeld't* (1,4); *vermeld't* bedeutet: es laut und kund werden lässt, es „verlautbart". Nach biblischem Verständnis ist dies ja die spezifische Aufgabe und Funktion der Engel: eine Botschaft zu überbringen, etwas mitzuteilen oder eben: zu „vermelden".

Strophe 2 nimmt die Aufforderung variiert auf: *Ermuntert euch und singt mit Schall* (2,1). Wach, bewusst und zielgerichtet (das alles steckt im Wort „munter") soll das Lob sein und zugleich unüberhörbar, vernehmlich. Und gelten soll es Gott, dem *höchsten Gut* (2,2). Diesem aus mittelalterlicher Dogmatik ererbten Topos des „summum bonum" gibt Gerhardt im Folgenden eine bibeltextnahe Auslegung mittels der drei aus Sirach entnommenen, hymnisch beschreibenden Relativsatzkonstruktionen, die seinen Text bis und mit Strophe 4 bestimmen. Zunächst ist es das machtvolle Wirken des Schöpfers, das keine Grenzen kennt (2,3.4). Als biblische Bezugsstelle steht Psalm 98,1 im Vordergrund: *Singet dem Herrn* [...], *denn er tut Wunder.*

Mit Strophe 3 kommt sodann Gottes erhaltende Fürsorge in den Blick, die er jedem einzelnen Menschenkind *von Mutterleibe an* angedeihen lässt und mit der er auch dort zu Hilfe kommt, wo menschliche Hilfe ganz und gar (die doppelte Verneinung *kein Mensch nicht* meint Verstärkung) an ihre Grenzen stößt. Die Formulierung erinnert an Psalm 146,3.5: *Verlasst euch nicht auf* [...] *Menschen, die können nicht helfen. Wohl dem, des Hilfe der Gott Jakobs ist.*

Zu Schöpfermacht und Fürsorge tritt in Strophe 4 Gottes Langmut, sein unverbrüchliches Wohlwollen, seine unerschütterliche „Gutmütigkeit", die sich

[5] Vgl. Frank 4.34. Dieselbe Strophenform weist auch noch Gerhardts Reiselied *Nun geht frisch drauf, es geht nach Haus* (ebenfalls 1653) auf. – Unter den insgesamt 139 deutschen Liedtexten, die wir von Gerhardt kennen, sind 18 (13 %) in vierzeiligen Strophen gedichtet, davon drei in der Chevy-Chase-Strophe.

durch menschliches Versagen und Schuldigwerden nicht irritieren lässt, sondern uns wohltuend zugewandt und wohlgesonnen bleibt. Hinter 4,3 steht wohl Micha 7,18: *Wo ist solch ein Gott, wie du bist, der die Sünde vergibt und erlässt die Missetat?*

Mit Strophe 5 setzt die auf den rühmenden Lobpreis folgende Bitte ein. Die erste Zeile ist wörtliche Wiedergabe von Sirach 50,25a, die zweite eine auslegende Verstärkung der ersten mit Gerhardtschen Lieblingsbegriffen: *erfrische Geist und Sinn;* die Zeile 3 benennt das, was einem fröhlichen Herzen und erfrischten Geist und Sinn immer wieder im Wege steht: *Angst, Furcht, Sorg und Schmerz.* Die erneute Anspielung auf Micha 7, diesmal V. 19: *Er wird (...) all unsere Sünden in die Tiefe des Meeres werfen,*[6] lässt diese vierfache Ladung lebenshinderlichen Ballastes als „Sünde" verstehen, von der befreit zu werden das Lied bittet.

Strophe 6 gilt der Wiedergabe von Sirach 50,25b: *und verleihe immerdar Frieden zu unsrer Zeit in Israel.* Wie in der voraufgehenden Strophe 5 folgt auf einen vorlagennahen Anfang (*Er lasse seinen Frieden ruhn in Israelis Land*) eine umschreibende Konkretion (6,3.4), in welcher 5. Mose 30,9 anklingt: *Der Herr, dein Gott, wird dir Glück geben in allen Werken deiner Hände. Glück* und *Heil* als Synonyme für Frieden weisen auf die umfassende Bedeutung des biblischen Begriffes „schalom" hin, der neben der politischen Dimension auch die persönliche *(zu unserm Tun)* und die gesellschaftliche *(zu allem Stand)* umgreift.

Die einzige Stelle im Lied, wo die ökumenische Fassung inhaltlich vom Original abweicht (6,2), verdient Aufmerksamkeit: Statt *in Israelis Land* singen wir heute *auf unserm Volk und Land.* Diese Änderung kann über das DEG 1915 (Nr. 250) zumindest bis auf das Elsäßer Gesangbuch 1899 (Nr. 217), dort *in* statt *auf,* zurückverfolgt werden. Im 19. Jh. sangen die Schweizer Reformierten stattdessen: *Auf unserm Vaterland.* Beide Änderungsvarianten lassen sich deuten als das Bestreben, die bei Sirach klar auf Israel bezogene Aussage zu entgrenzen und auch Nichtjuden in die Friedensbitte einzubeziehen. Freilich liegt darin auch die Gefahr, dass solch einschließende Zueignung unversehens zur ausschließenden Enteignung gerät.[7]

In Strophe 7 löst sich Gerhardt vom Wortlaut der Luther-Bibel (Sir 50,26a: *dass seine Gnade stets bei uns bleibe*); er setzt anstelle der theologisch hoch befrachteten „Gnade" einen lebensnäheren, wärmeren Doppelbegriff (*Lieb und Güt*) ein und dynamisiert das „Bleiben" sprachlich prägnant zu *um, bei und mit uns gehn,*[8] betont also die fortwährende, in allen Wechseln des Lebens getreulich

[6] Die kleine Text-Differenz bei 5,4 zwischen GL (*in Meerestiefen hin*) und den Gesangbüchern der Neunzigerjahre (*ins Meeres Tiefe hin*) erklärt sich dadurch, dass die ö-Fassung an dieser Stelle 1987 eine Änderung (hin zum Original) erfahren hat.

[7] Dieser Gefahr ist beispielsweise der Eisenacher Gesangbuchentwurf von 1854 (Nr. 81) erlegen mit der Formulierung *auf seiner Christen Land.* – Entsprechende Einsichten aus dem christlich-jüdischen Dialog motivierten in jüngster Zeit (1991) zum Versuch, den Text der ökumenischen Fassung in Richtung auf den ursprünglichen Sinn zu ändern *(auf seinem Volk und Land),* doch fand dieser begrüßenswerte Antrag in der AÖL leider keine Zustimmung.

[8] Die dreifache Präposition ist einigermaßen ungewöhnlich und erinnert an das „in, mit und unter" der lutherischen Abendmahlslehre und ihrer Konsubstantiationsauffassung.

und liebevoll mitgehende Aufmerksamkeit des gnädigen Gottes. Und wie schon in Str. 5 bringt die zweite Strophenhälfte das zur Sprache, was dem Vertrauen auf solche gütige Liebe Gottes immer wieder die Kraft zu entziehen droht und darum *gar ferne von uns stehn* möge. Als biblische Reminiszenz ist für 7,3 an Psalm 32,7a zu denken (*Du wirst mich vor Angst behüten, dass ich errettet gar fröhlich rühmen kann*), während 7,2 an Vers 10b desselben Psalms gemahnt: *Wer auf den Herrn hofft, den wird Güte umfangen.*

Die letzte Bitte der Sirach-Stelle (V. 26b: *und erlöse uns, solange wir leben*) nimmt Gerhardt zum Anlass für einen auf doppelte Länge – Strophe 8 und 9 – ausgedehnten eschatologischen Ausblick.

Der Einsatz in Strophe 8 lehnt sich wiederum eng an die Vorlage an (*Solange dieses Leben währt*), die zweite Strophenhälfte führt darüber hinaus, indem sie das Lebensende in den Blick nimmt. Inhaltlich geht es in den beiden parallel gebauten, temporal bestimmten Satzkonstruktionen um die erbetene Konstanz und Fortdauer der Zuwendung Gottes (*sei er stets unser Heil ... verbleib er unser Teil*). Hinter 8,3.4 wird Psalm 73,26 hörbar: *Wenn mir gleich Leib und Seele verschmachtet, so bist du doch, Gott, allezeit meines Herzens Trost und mein Teil.*

In kunstvoller Engführung bringt die abschließende Strophe 9 den letzten Freundesdienst in der Todesstunde (*Er drücke ... uns unsre Augen zu*) zusammen mit der im Glauben ergriffenen Aussicht auf bleibende Gottesnähe *dort in der ewgen Ruh:* Gerade den für immer geschlossenen Augen eröffnet sich der ewig währende Blick auf *sein Angesicht* (vgl. Offb 22,4: ... *werden sehen sein Angesicht*). So interpretiert Gerhardt die Erlösung (vgl. Sir 50,26b).

Bei seiner Erstveröffentlichung in Crügers „Praxis Pietatis Melica" von 1647 war Gerhardts „Lob- und Danklied über Sirach 50,24" (so die Überschrift bei Fischer-Tümpel) noch ohne eigene Melodie geblieben, vielmehr mit dem Hinweis „Im Thon: *Lobt Gott, ihr Christen alle gleich*" versehen. – Vielfach wird in der Sekundärliteratur[9] selbstverständlich davon ausgegangen, dass jene fünfzeilige Melodie von Nikolaus Herman gemeint sei, auf welche dieser 1560 sein noch heute gesungenes Weihnachtslied (EG 27) dichtete. Dabei bleibt jedoch unbeachtet, dass Crüger bereits in seinem ersten Berliner Gesangbuch (1640)[10] zu Hermans Weihnachtsliedtext eine neue, eigene Melodie brachte.[11] Wenn Crüger also 1647 für den damals neuen Gerhardtschen Liedtext *Nun danket all und bringet Ehr* auf den „Thon" von *Lobt Gott, ihr Christen alle gleich* verwies, so meinte er sicherlich die von ihm selber geschaffene Melodie, die sich in seinem Gesangbuch eben beim Hermanschen Weihnachtslied finden ließ.

[9] So etwa bei Bruppacher; HEKG III/2, 146–148; Sb, 354; WGL III, 105f; auch Friedhelm Kemp im bibliographischen Anhang zum Ebeling-Faksimile, 45. – Anders jedoch bereits Markus Jenny in: WGL V, 191f.

[10] „Newes vollkömliches Gesangbuch Augspurgischer Confession" (DKL 1640[04]), 36.

[11] Es handelt sich um jene vierzeilige dorische (oder Moll-)Melodie im Dreiertakt, die heute zum Lied *Der Herr bricht ein um Mitternacht* (EG BEP 571 / GL 567) verwendet wird. Zahn teilt diese Crügersche Melodie zu *Lobt Gott, ihr Christen alle gleich* bei Z I,200 mit und fügt den Hinweis an, sie habe sich „Prax. piet. Berlin bis 1702, in der Frankf. Ausgabe bis 1700" gehalten.

Ob Gerhardt bereits Crügers Weise von 1640 im Ohr hatte, als er (in dem zu seiner Zeit noch nicht sehr gängigen Strophenschema) den Text seines Dankliedes schuf, darüber wissen wir freilich nichts. Bekannt ist hingegen, dass Crüger in der fünften Auflage seines Gesangbuches (1653) dem Lob- und Danklied von Gerhardt eine neue, eigene Melodie mitgab – jene, mit welcher es heute noch gesungen wird. Gegenüber der dynamisch vorwärts drängenden Lehnmelodie von 1640 weist diese Eigenweise von 1653 einige bemerkenswerte Unterschiede auf: Zweizeitigkeit statt Dreizeitigkeit, Beschränkung auf zwei Notenwerte (abgesehen von Schlussnoten in Zeile 2 und 4), streng syllabische Textbehandlung, Verzicht auf durchgehende Taktorganisation.[12]

Dass Crüger diese sonst für Melodien des Genfer Psalters typischen Eigenschaften anwendet, ist kein Zufall. Denn auch in der Führung der Melodielinie zeigt er sich – wie aus dem Notenbeispiel ersichtlich wird – in hohem Maß abhängig von Vorbildern des Genfer Repertoires:

Die beiden ersten Liedzeilen erinnern stark an den Beginn der Melodie von Psalm 118 (die 1551 durch Loys Bourgeois ihre endgültige Gestalt erhielt);[13] noch enger ist in Zeile 2 der Bezug zum Melodiebeginn von Psalm 89 (1562 wohl von Pierre Davantès in Anlehnung an Psalm 118 geschaffen). Die Melo-

[12] Nachdem Crügers Melodie im 18. und 19. Jh. meist in einer rhythmisch egalisierten Gestalt gesungen wurde, die sich gut im 2/2- oder 4/4-Takt (mit Taktstrichen) notieren ließ, kehrte man in den Gesangbüchern des 20. Jh. zum Originalrhythmus zurück und füllte diesen in ein 3/2-Taktschema (mit auftaktigem Beginn und häufig unterteilter Eins). In den aktuellen deutschsprachigen Gesangbüchern (außer EM) ist auf die Setzung von Taktstrichen verzichtet.

[13] Nahe verwandt ist eine weitere Crüger-Melodie (Z III, 4545), ebenfalls aus dem Jahr 1653, geschaffen zu *Herr Jesu Christ, du höchstes Gut,/ du Brunnquell aller Gnaden* von Bartholomäus Ringwaldt; im EG findet sie sich bei *Sei Lob und Ehr dem höchsten Gut* (EG 326), *Wach auf, mein Herz, die Nacht ist hin* (EG 114), *In Gottes Namen fang ich an* (EG 494). Auch ihr Anfang schließt sich eng an den Melodiebeginn von Psalm 118 an.

diezeilen 3 und 4 wiederum scheinen von den Schlusszeilen der Genfer Melodien zu Psalm 75 und 97 (beide erstmals 1562 erschienen) beeinflusst zu sein. Gewiss hat solche Wahl der Vorlagen auch mit der auf Dank und Lob gestimmten Aussage der genannten Psalmen zu tun. Offenbar war Johann Crüger mit dem Melodie-Repertoire des Genfer bzw. Lobwasser-Psalters vertraut, schon bevor er für den Hof des reformierten Kurfürsten 1657/58 das Doppelgesangbuch „Psalmodia sacra" herausgab, dessen ersten Teil der Lobwasser-Psalter bildete.

Für heutiges Empfinden hat Crüger sich (übrigens nicht nur in diesem einen Fall!) erstaunlich „ungeniert" bei den Melodien anderer „bedient". Dass er dies aber mit Geschick und musikalischem Gespür tat und aus dem Übernommenen wirklich ein Eigenes zu gestalten verstand, dafür ist seine Melodie zu *Nun danket all und bringet Ehr* ein erhellendes Beispiel: Den begrenzten Raum, den ihm die vierzeilige Strophe bietet, teilt er deutlich in zwei Hälften, die nicht nur rhythmisch identisch sind, sondern einander auch hinsichtlich der Zeilenendtöne und der Kadenzierung klar entsprechen: Während die ungeraden Zeilen zur Dominante hinführen, kehren die geraden Zeilen mit denselben Kadenztönen zum Grundton zurück. Der Höhepunkt, den die Melodie zu Beginn der dritten Zeile erreicht (durch Quintsprung aufwärts und nachfolgendes Berühren der Sext als Spitzenton), ist nicht sehr ausgeprägt. Und so eignet der Strophe als Ganzer etwas Gefestigtes, Verlässliches, ja fast Bodenständiges. Dass sie mit ihrer klaren Struktur den Möglichkeiten des heutigen Gemeindegesangs entgegenkommt und durch ihre „mittlere Stimmung" geeignet ist, unterschiedliche Texte angemessen zu tragen, erweist sich in der Vielzahl von Liedtexten, mit der sie in den aktuellen Gesangbüchern verbunden ist.

PETER ERNST BERNOULLI

382 Ich steh vor dir mit leeren Händen, Herr

EG 382ö GL 621ö RG 213ö+ KG 544ö+ CG 895ö+ (EM 278)

Text

Verfasser Lothar Zenetti **Entstehung** 1973 **Vorlage** *Ik sta voor U in leegte en gemis* von Huub Oosterhuis, 1966 entstanden für die Begräbnisfeier eines 26-Jährigen **Quelle** *Gib mir ein Lied* (hg. Paul Nordhues, Alois Wagner), Berlin/Wien 1974 (Publikation zum Einheitsgesangbuch EGB 10) **Strophenbau** 4mal A10/5 A11/5- mit wechselnder Reimung **Abweichungen** 3,4 *Söhnen* * GL: 3,4 *Söhnen* (nach 1995 *Kindern*) * **Verbindung TM** wie EG

Melodie

Incipit 1_ 3323 211-7 1_ **Verfasser** Bernard Maria Huijbers **Entstehung** zu *Een smekeling, zo kom ik tot uw troon* (Str. 64–66 des 119. Genfer Psalmes in der Neubereimung aus: *150 Psalmen,* 's Gravenhage 1961) **Quelle** *30 Liederen voor een Nederlandse liturgie* (Huub Oosterhuis), Hilversum 1964 **Ambitus** G: 7; Z: 4756b46b **Abweichungen** Ton tiefer; vor 1: Viertelpause; alle Zeilenschlüsse: Halbenoten statt Viertelnoten mit Viertelpausen; zum Text *Zo vriendelijk en veilig als het licht* * GL: Taktzeichen ¢, keine Taktstriche; Ton tiefer (Es); doppelte Notenwerte * RG, KG, CG: ohne Taktangabe, Viertel als Grundwert; Z. 1 + 3 + 5, letzte Note: Halbe statt Viertel mit Viertelpause * EM: 4/4 Takt; Z. 1 + 3 + 5, letzte Note: Halbe statt Viertel mit Viertelpause; Z. 6, letzte Note: punktierte Halbe **Verbindung MT** in der Q: *Zo vriendelijk en veilig als het licht* (1961/62; 1964)*; De Heer heeft mij gezien en onverwacht* (1961/62; 1965) und fünf weitere – alle von Huub Oosterhuis (vgl. ÖLK, Lfg. 3, Fußnote 24) * *Ich steh vor dir, verlassen und in Not* (Peter Pawlowsky nach derselben Textvorlage, 1976; EM 278)

Literatur

HEG II,163.235f.355f * WEG VI, 75–81; WGL VI, 395f; RGL, 236f; ÖLK Lfg. 3 * ThustB, 338f * NSKA 19 (**1976**) 92 * GRABNER-HAIDER, Anton: Ich steh vor dir mit leeren Händen (Gotteslob Nr. 621), in: Paul Nordhues/Alois Wagner: Predigten zum Gotteslob, Bd. 2, Graz/Wien/Köln **1977**, 151–154 * PFANGER-SCHÄFER, Regina: „Mein Los ist Tod, hast du nicht andern Segen?" Todeserfahrung und Lebensverheißung am Beispiel des Neuen Geistlichen Liedes von Huub Oosterhuis, in: Hansjakob Becker u. a. (Hg.): Im Angesicht des Todes. Liturgie als Sterbe- und Trauerhilfe. Ein interdisziplinäres Kompendium, Bd. 1, St. Ottilien **1987**, 341–364 * STOCK, Alex: Gottesfürchtige Andacht – Lieder aus Amsterdam, Theologische Quartalsschrift 167 (**1987**) 45–55; leicht verändert in: Ders.: Hierhin, Atem. Zur poetischen Theologie Huub Oosterhuis, Osnabrück **1994**, 6–21 * LIEBERKNECHT, Ulrich: Gemeindelieder. Probleme und Chancen einer kirchlichen Lebensäußerung, Göttingen **1994**, 118–128 * BERNOULLI, Peter Ernst: Du bist der Atem, wenn ich zu dir bete. „Ich steh vor dir mit leeren Händen, Herr", NSK **1995**/3, 2–7 * MEYER [2]**1997**, bes. 209f.324 * HELLER, Barbara/SCHMEEL, Dieter: Kleine Kantologie 11: „Ich steh vor dir mit leeren Händen" EG 382, ZGP 16 (**1998**/6) 15–17 * HENKYS, Jürgen: Psalmliedtradition und Gegenwartserfahrung bei Huub Oosterhuis. „Ich steh vor dir mit leeren Händen, Herr", in: Henkys **1999**, 163–173; auch in: WEG VI (**2000**) 75–81

Das niederländische Original von *Ich steh vor dir mit leeren Händen, Herr* entstammt dem konziliaren Aufbruch der römisch-katholischen Kirche der Niederlande in den Sechzigerjahren des 20. Jh. Das Lied ist eine der vielen Früchte, die aus der jahrelangen engen Zusammenarbeit zweier Theologen, des Dichters Huub Oosterhuis und des Musikers Bernard Maria Huijbers, erwachsen sind. Was die beiden damaligen Amsterdamer Jesuiten verband, war die Überzeugung, dass eine wirkliche Erneuerung der Kirche und ihres Gottesdienstes tiefer greifende Reformen in der liturgischen Praxis erfordere als den bloßen Wechsel vom Latein zur Volkssprache.

So machten sie sich als führende Mitglieder der „Werkgroep voor Volkstaalliturgie" (1960–1978) beharrlich auf die Suche nach einer sprachlich wie musikalisch redlichen Gestalt der Liturgie, die der veränderten Lebens- und Glaubenssituation heutiger Großstadtmenschen angemessen sein sollte.[1] Im gottesdienstlichen Leben der „Amsterdamse Studentenekklesia" fanden ihre zahlreichen Entwürfe ein praktisches Erprobungsfeld und gelangten von dort zu erstaunlicher Ausstrahlung, zunächst in den Niederlanden selbst,[2] bald auch (durch Übertragungen) im deutschen Sprachraum. Ins EG haben drei Oosterhuissche Dichtungen Eingang gefunden, neben EG 382: *Kam einst zum Ufer* (EG 312 / T: Jürgen Henkys; M: Jaap Geraedts), *Solang es Menschen gibt auf Erden* (EG 427 / T: Dieter Trautwein; M: Tera de Marez Oyens).

Der dreistrophige Text *Ik sta voor U in leegte en gemis* entstand 1966 aus Anlass des Begräbnisses eines 26-Jährigen und wurde 1968 zunächst als Teil einer neu formulierten volkssprachlichen Totenliturgie,[3] 1970 dann erstmals auch als eigenständiges Lied[4] veröffentlicht.[5] Mit einer Änderung nahm Oosterhuis das Lied auch in seine umfassende Liedsammlung „Aandachtig Liedboek" (Baarn 1983) auf.[6]

[1] Zum Hintergrund vgl. die Porträts über Huub Oosterhuis von Kees Kok (NSK 1994, H. 3, 8–10) und Matthias Reif (Singen und Musizieren im Gottesdienst 2003, 68–71). Ausführlicher informiert Kees Kok in: De vleugels van een lied. Over de liturgische poëzie van Huub Oosterhuis, Baarn 1990.

[2] Unter den im evangelischen „Liedboek voor de Kerken" (1973) vertretenen Textautoren nimmt Oosterhuis mit insgesamt 15 Liedtexten den achten Rang ein.

[3] In: Huub Oosterhuis: In het vorbijgaan, Utrecht 1968. In deutscher Übersetzung von Nikolaus Greitemann und Peter Pawlowsky in: Huub Oosterhuis: Im Vorübergehn, Freiburg i. Br. 1969.

[4] In: Liturgische gezangen voor de viering van de Eucharistie, Hilversum 1970 (Nr. 146).

[5] So Kees Kok, der damalige Studiensekretär der „Stichting Leerhuis & Liturgie" und als solcher Sachwalter für Oosterhuis' Werk, in seinem Schreiben vom 15.9.2003 an Peter Ernst Bernoulli. – Die untereinander differierenden Herkunftsangaben in den aktuellen Gesangbüchern wären also entsprechend zu korrigieren.

[6] Im Bemühen um inklusive Sprache wurde in Zeile 3,4 *zoon* durch *mens* ersetzt. In der freieren Übertragung von Zenetti wurde auf Anregung der AÖL 1987 demselben Anliegen mit folgender Änderung Rechnung getragen: *unter deinen Kindern* (statt: *Söhnen*). So erstmals im EG (Nr. 382).

Zu Beginn der Siebzigerjahre übertrug der katholische Frankfurter Stadtjugendpfarrer Lothar Zenetti, angeregt durch Gottesdienstbesuche in der Amsterdamer Dominicuskerk, einige der dort gehörten Oosterhuis-Texte ins Deutsche.[7] Die 1973 entstandene Übertragung *Ich steh vor dir mit leeren Händen, Herr* erschien erstmals 1974 in „Gib mir ein Lied“[8] und fand bereits ein Jahr später Eingang ins deutschsprachige katholische Einheitsgesangbuch „Gotteslob“ (GL 621) und 1976 in die Schweizer Liedblattreihe „Neues Singen in der Kirche“ (NSKA 19, Nr. 92).

Zwar sind seither noch weitere, z. T. bedeutend näher am Original stehende Übertragungen bekannt geworden (etwa von Peter Pawlowsky 1976, Alex Stock 1987, Jürgen Henkys 1994/1998). Von diesen Fassungen vermochte sich aber keine mehr offiziell durchzusetzen gegenüber der mit dem „ö“-Sigel bedachten GL-Fassung.[9]

Aus der unterschiedlichen Rubrizierung des Liedes in den aktuellen deutschsprachigen Gesangbüchern lässt sich bereits etwas von seiner Aussageweite erahnen: Leben aus dem Glauben (GL), Angst und Vertrauen (EG), Vertrauen und Bitte (KG), Anrufung, Schuldbekenntnis und Vergebung (RG), Gnade und Umkehr (EM), Bitte und Fürbitte (CG).

Ausgehend von der modernen Situation eines Menschen, dem die überlieferten Koordinaten religiöser Orientierung und Vergewisserung weitgehend „abhanden“ gekommen, d. h. fraglich und brüchig geworden sind, setzt das Gedicht ganz „nackt“ und bescheiden ein: *Ich ... vor dir ... mit leeren Händen.* Ein einzelnes, seiner selbst ungewisses Ich streckt sich aus nach einem Du, das im niederländischen Original *(Ik sta voor U in leegte en gemis* – ... in Leere und Mangel) zunächst namenlos bleibt.

Ich vor dir. Auf dieser elementaren Gebets-Achse beginnt sich der Text in Klage, Frage und Bitte auszuspannen. Die Aussagesätze beschreiben die erfahrbare Wirklichkeit als negativ geprägt: Gott ist unzugänglich *(fremd wie dein Name sind mir deine Wege* 1,2), der Sinn menschlichen Lebens ist in Frage gestellt *(mein Los ist Tod* 1,4), das Ich erfährt sich als fremdbestimmt: Es *möchte glauben* (1,6), ist aber *von Zweifeln ... übermannt* (2,1) und im eigenen *Unvermögen ... ganz gefangen* (2,2). Grenzerfahrungen sind es, Begrenzungserfahrungen, die seine Wirklichkeit prägen.

Nur in Fragesätzen – *Bist du der Gott?* (1,5), *Hast du ... mich eingeschrieben?* (2,3), *Nimmst du mich auf?* (2,5) – kommt ansatzweise das zur Sprache, was über solche Realität hinausweist und möglicherweise darüber hinausführen könnte; dabei heftet sich die Sehnsucht nach Grenzüberschreitung an den Reichtum biblischer Lebensverheißungen.

[7] Vgl. Lothar Zenetti in: Meyer ²1997, 323–325.

[8] Gib mir ein Lied. Publikationen zum Einheitsgesangbuch, EGB 10, Berlin/Wien 1974 (Nr. 1).

[9] Einzig das EM (2002) berücksichtigt bei Nr. 278 die Übertragung von Peter Pawlowsky, die nach ihrer Veröffentlichung in: Du bist der Atem meiner Lieder. Gesänge von Huub Oosterhuis und Bernard Huijbers, übertragen ins Deutsche von Peter Pawlowsky (Freiburg i. Br. 1976, Nr. 3) als vom Autor autorisiert gelten kann.

Mit Strophe 3 vollzieht sich dann formal ein Wechsel zu Aufforderungssätzen, inhaltlich eine Wende zu bittenden Appellen, die solche Verheißung bewusst für sich in Anspruch nehmen. – In der Schlusszeile der dritten Strophe und also des ganzen Gedichtes findet die Suche nach Gott und nach eigener Identität zu einer wenigstens vorläufigen Antwort: *Du bist mein Atem, wenn ich zu dir bete* (wörtlich: Du bist doch selbst die Seele meiner Gebete).

Hier steht nun das Ich zu sich selbst, zu seinem Gebet, zu diesem Lied – und trennt sich zugleich von ihm, schreibt das Ereignis des Gedichtes dem zu, dem es gilt: Ich habe gedichtet, aber inspiriert ist dieses Lied von dir. Wenigstens so bist du schon da, jetzt.

Man mag sich fragen, ob die klagenden Feststellungen und bohrenden Fragen der ersten beiden Strophen nicht allzu negativ-resignierend formuliert sind, um für das (von Oosterhuis intendierte) „Singen-mit-vielen" zu taugen. Sicher lässt sich gut vorstellen, dass der Text in seiner Ursprungssituation (Totenliturgie für einen jungen, suchenden Menschen) von allen damals Mitfeiernden als stimmig und gut nachvollziehbar erlebt wurde. Wird aber eine „normale" Gottesdienstgemeinde durch solche nackten und ungeschützten Anfragen nicht unverantwortlich verunsichert? – Dazu im Folgenden einige Überlegungen:

Zunächst gilt es, den unverzichtbaren inneren Zusammenhang aller drei Strophen zu beachten und also die gedankliche Entwicklung, den spirituell-seelsorgerlichen Weg ernstzunehmen, der über klagende Feststellungen und teils suchend, teils fordernd geäußerte Fragen hinführt zu den bittenden Appellen der abschließenden dritten Strophe. Von daher wäre es gewiss unzulässig und verfehlt, den Gesang etwa nach Strophe 2 abzubrechen.[10]

Sodann ist freilich zuzugeben, dass Oosterhuis' Text hohe Ansprüche stellt – schon durch die überreiche Fülle von Anspielungen und Anklängen an biblische Bilder und Wendungen, vor allem aber durch die ungeschminkte Art, wie er die (heute für viele aktuelle) Mühe mit dem Glauben bewusst thematisiert und die Schwierigkeiten eben nicht ausblendet, sondern sie freimütig „ins Gebet nimmt".

Aufschlussreich in diesem Zusammenhang ist ein kurzer Seitenblick auf ein thematisch ähnlich ausgerichtetes vierstrophiges Lied der Jesus-Bruderschaft Gnadenthal, das in manchem „modernen" christlichen Liederbuch[11] zu finden ist:

1. *Herr, füll mich neu, füll mich neu mit deinem Geiste,*
der mich belebt und zu dir, mein Gott, hinziehet!
(Refr.) *Hier bin ich vor dir.*
Leer sind meine Hände.
Herr, füll mich ganz mit dir!

[10] Die besondere Bedeutung von Strophe 3 wird an der Tatsache deutlich, dass Oosterhuis sie mit nur einer kleinen Veränderung in 3,3 („Open de wereld / Tu auf die Welt" statt „Ontsteek die vreugde / Zünd an die Freude") aus seinem bereits 1961/62 geschaffenen Vertrauenslied „Zo vriendelijk en veilig als het licht" übernommen hat. Der besondere Kasus, vielleicht auch die biographische Kontur des Verstorbenen, verlangte offenbar nach einer Neuformung des „Zugangsweges" in den Strophen 1 und 2; als Ziel des Gedankenganges stand aber das Vertrauensbekenntnis der Schlussstrophe offenbar bereits fest.

[11] Z. B. in „Jesu Name nie verklinget" Bd. 5, Neuhausen-Stuttgart 1986 (Nr. 1499).

So ehrlich ein solches Gebet gemeint sein und von manchen auch mitvollzogen werden mag – es bleibt sprachlich wie theologisch doch ganz dem traditionellen Muster verhaftet, und die „süffige" Melodie trägt noch ihr Teil zur harmlosen Wirkung des Ganzen bei. Die „leeren Hände" sind hier nicht existenziell erlittener Ausgangspunkt der Gottsuche, sondern eher beiläufig berührte Durchgangsstation; der Glaube bleibt hier jederzeit unangefochten, seiner selbst gewiss, wohlig beheimatet im vertrauten Vokabular.

Demgegenüber wäre beim Poeten und Theologen Huub Oosterhuis zu lernen: Glaubwürdig, authentisch und für viele nachvollziehbar wird die Sprache unseres Betens und Singens erst da, wo sie das Fragliche und Brüchige heutiger Existenz nicht gedankenlos und billig überspringt, sondern wo sie, in der Tradition der Klagepsalmen[12] oder des Hiobbuches, dem insistierenden Fragen die Treue hält. Gerade diese beharrliche Suche „nach dem Namen Gottes [...] für uns, für heute"[13] ist es, die das Liedschaffen von Oosterhuis so eindrücklich macht und als zukunftsrelevant erscheinen lässt.

In diesem Zusammenhang sei auf eine weitere Eigenart von Oosterhuis' Texten hingewiesen: auf ihre starke, stets spürbare Verwurzelung in der Sprache der Heiligen Schrift. Häufig lässt sich zwar nicht auf Anhieb sagen, woher diese oder jene Wendung stammt. Man braucht es auch nicht unbedingt zu wissen; die Texte sind nirgends durch esoterische Zitate eingedunkelt, sondern lassen sich in einfacher Lektüre verstehen und so auch singen. Wenn man den biblischen Anklängen aber nachgeht, Stellen aufsucht und mit ihnen zum Liedtext zurückkehrt, gewinnt beides, die Schrift und das Lied. – Das sei hier für zwei Zeilen der ersten Strophe angedeutet:

Fremd wie dein Name sind mir deine Wege (1,2). Da ist zunächst an 2. Mose 3,13 zu erinnern: Für Israel ist in Ägypten der überlieferungsbekannte „Gott der Väter" fremd geworden, mit gegenwärtiger Wirklichkeit nicht mehr zu verbinden; und so fragt Mose ihn nach seinem „neuen" Namen, nach seiner Präsenz und Wirksamkeit für heute. – Und weiter spielt Psalm 77,20 mit hinein: *Dein Weg ging durch das Meer und dein Pfad durch große Wasser; doch niemand sah deine Spur.* Auch bei der Befreiung am Schilfmeer hinterließ Gott keine zweifelsfreien Abdrücke, fand Israel keine für alle Zeiten greifbaren Spuren für Gottes Weg mit seinem Volk. – *Ich möchte glauben, komm mir doch entgegen* (1,6). Diese Zeile lässt unverkennbar die fast sprichwörtliche Antwort des Vaters des besessenen Knaben aus Markus 9,24 (*Ich glaube, hilf meinem Unglauben*) anklingen. Nur verdeckt hier leider Zenettis ungenaue Übertragung just die

[12] Auf die formale wie inhaltliche Verwandtschaft mit der Psalmengattung „Klagelied des Einzelnen" hat bereits Regina Pfanger-Schäfer in ihrer umfangreichen, sowohl sprachwissenschaftlichen als auch theologischen Analyse des Liedes hingewiesen (357f).

[13] Vgl. Huub Oosterhuis: „Beten lässt den Namen Gottes aussprechen, oder besser: suchen nach dem Namen Gottes. ‚Wie lautet dein Name', die ewige Frage, die nach jeder Antwort wiederkehrt [...] Beten ist der Versuch, das kleine Wort ‚Gott' zu einem Namen zu machen, der etwas für mich bedeutet, für uns, für heute. Das flüchtige, riskante Wort ‚Gott' mit Aussagekraft aufladen. Wenn wir ‚Gott' sagen, sind wir noch nirgends angekommen." (in: Ganz nah ist dein Wort, Wien 1967, 10).

Pointe, auf die es Oosterhuis ankommt. Wörtlich meint die Zeile nämlich das Gegenteil: „Ich glaube, Herr – was stehst du mir entgegen?“ Das ist nun nicht mehr die gewohnte Redeweise, sondern ein Klangfragment aus dem Buch Hiob: *Ich steh vor dir, und du achtest nicht mein. Du wandelst dich mir zum grausamen Feinde* (Hiob 30,20f, Zürcher Bibel 1931). Gott als der Widersacher dessen, der hier zu glauben versucht!

Alex Stock, dessen überaus erhellenden Analysen Oosterhuisscher Texte ich hier auch in mancher Formulierung dankbar gefolgt bin, meint zusammenfassend: „In dieser Weise erschließt die Poesie die Schrift, indem sie dazu anleitet, entlegene, bisher nicht verbundene Stellen zusammen zu lesen. Die Namensfremdheit von 2. Mose 3 und die Spurlosigkeit von Psalm 77, die Glaubensbereitschaft von Markus 9 und die Widerwärtigkeit Gottes aus dem Hiobbuch. Das Gedicht leitet zu einer neuen Lektüre der Schrift an, und im Durchgang durch die Lektüre vertieft sich der Sinn des einfachen Liedes, weil die Resonanz der Schrift in seinem Klangcluster vernehmbar wird. Die Poesie gibt der Theologie zu denken. So ist in Amsterdam der Gesang mit der Schriftauslegung verbunden.“[14]

Zu einem vertiefenden Erfassen des Textes und Nachdenken über das dichte Netz von Bezügen seien hier weitere biblische Anschlussstellen zu einzelnen Gedichtzeilen aufgeführt:

1,1	Mt 5,3 (geistlich arm, mit leeren Händen)
1,2	2. Mose 3,13 (wie ist sein Name?)
	Ps 77,20 (doch niemand sah deine Spur)
	Röm 11,33 (wie unerforschlich sind seine Wege)
	Hiob 9,11 (er wandelt vorbei, ohne dass ich's merke)
1,4	Ps 16,5f.10 (wirst mich nicht dem Tod überlassen)
	Ps 39,6 (mein Leben ist wie nichts vor dir)
	1. Mose 27,36 (hast du mir keinen Segen aufgehoben?)
1,5	Jer 29,11 (ich will euch eine Zukunft geben)
1,6	Mk 9,24 (ich glaube; hilf meinem Unglauben!)
	Hiob 30,20f (du wandelst dich zum grausamen Feinde)
2,1	Joh 3 (Nikodemus ist voller Fragen)
2,2	Ps 88,9 (ich bin gefangen und kann nicht heraus)
2,3.4	Jes 43,1 (ich habe dich bei deinem Namen gerufen)
	Jes 49,16 (in meine Hände habe ich dich gezeichnet)
2,5.6	5. Mose 32,52 (das Land, das ich den Israeliten gebe)
	Hiob 19,27 (meine Augen werden ihn schauen)
	Jes 38,11 (nicht mehr schauen im Land der Lebenden)
	Offb 1,7 (es werden ihn sehen alle Augen)
3,1	Hiob 9,28 (ich weiß, du sprichst mich nicht frei)
3,2	Jes 65,16ff (das endzeitliche Heil)
	Joh 14,27 (meinen Frieden gebe ich euch)

[14] Alex Stock 1987, 48 (= A. Stock 1994, 10).

Dass Oosterhuis' Text trotz seiner spannungsreichen Gedankenfülle doch nicht in disparate Teile auseinanderfällt, ist nicht zuletzt auch seiner geschlossenen poetischen Form zu verdanken: Die drei sechszeiligen Strophen in regelmäßig fünfhebigen Jamben folgen im Original dem anspruchsvollen Endreimschema ababab (in Zenettis Übertragung ist diese Reimordnung freilich weitgehend aufgegeben). Die strenge sprachliche Form prägt auch die ernsthafte Atmosphäre des Liedes.

In der Mehrzahl der deutschsprachigen Gesangbücher und auch der entsprechenden Sekundärliteratur zu unserem Lied wird irrtümlich das Jahr 1964 als Termin der Entstehung bzw. der Erstveröffentlichung sowohl des niederländischen Originaltextes als auch der Melodie von Bernard Maria Huijbers genannt – womit der falsche Schluss nahegelegt ist, die Melodie sei zum Text *Ik sta voor U* komponiert worden.

Dass die Sache jedoch anders liegt, hat als erster Jürgen Henkys dargelegt:[15] Ausgehend von der Tatsache, dass das von Oosterhuis verwendete Strophenmuster demjenigen von Psalm 119 im Genfer Liedpsalter entspricht, weiß Henkys zu berichten, dass Huijbers seine Melodie als moderne Alternative zur überlieferten Genfer Melodie zum breit hingelagerten Psalm 119 (Genf 1551) geschaffen habe – und zwar für die drei Schlussstrophen der insgesamt 66-strophigen Neubereimung dieses umfangreichsten Psalms durch die niederländische Dichtergruppe „Het landvolk" (1961 erstmals veröffentlicht).[16]

Auf seiner Suche nach modernen Formen des Psalmengesangs experimentierte Huijbers anfangs der Sechzigerjahre in der Tat auch mit diesen neubereimten Liedpsalmen reformierter Herkunft.[17] So löste er bei Psalm 119 die (den biblischen Versen 169–176 entsprechenden) Strophen 64–66 (beginnend mit *Een smekeling, zo kom ik tot uw troon* – Ein Bittsteller, so komme ich zu deinem Thron) aus dem Ganzen des Liedpsalms heraus, gab ihnen eine neue Melodie und machte sie damit zum selbständigen Bittlied. Dass dies bereits 1961 geschah, hat der Komponist selber bestätigt.[18]

Mit der ursprünglichen Genfer Weise teilt Huijbers' Melodie nicht nur den Modus (hypoionisch = Dur), den durchweg syllabischen Textvortrag und (von den lang notierten Zeilenschlussnoten abgesehen) die Beschränkung auf nur zwei verschiedene Notenwerte, sondern natürlich auch die Strophenform. Die durch die Reimfolge ababab (des niederländischen Textes) nahegelegte Ordnung der sechs Textzeilen in drei Zeilenpaare wird in Huijbers' Vertonung deutlich

[15] Henkys, bes. 165–168.

[16] In: 150 Psalmen. Proeve van een nieuwe berijming. Aangeboden door de Interkerkelijke Stichting voor de Psalmberijming, 's Gravenhage 1961. – Revidierte Wiederveröffentlichung in: Psalmen. Nieuwe berijming van de Interkerkelijke Stichting voor de Psalmberijming, 's Gravenhage 1968. Von da integral übernommen in Liedboek voor de Kerken (LvK), 1973.

[17] Vgl. die ausführliche Würdigung von Bernard Maria Huijbers' Weg und Werk durch Anton Vernooij in „Het Gregoriusblad" (Utrecht) 111. Jg. 1987, 99–103; in deutscher Übersetzung zu Huijbers' 70. Geburtstag abgedruckt in: Musica Sacra (D) 112. Jg. 1992, 110–114, bes. 111.

[18] Brief von B. M. Huijbers vom 25.9.1995 an die Kleine Gesangbuchkommission für das RG in Zürich.

hervorgehoben: So erhalten die Zeilen 2, 4 und 6 – durch den selben weiblichen Reim eng verbunden – eine (bis auf die Anfangstöne) identische (Zeile 2 und 6) oder doch analoge (Zeile 4 = Mollparallele) melodische Gestalt. Weiter gehören die Zeilen 3 und 5 in Rhythmus und Melodieverlauf eng zusammen: Einsatz je eine Quinte über der vorausgehenden Zeilenschlussnote, mit drei kurzen Auftaktnoten gleicher Höhe und nachfolgendem Terzfall. Recht eigenständig ist demgegenüber die Gestalt der eröffnenden Zeile 1. Die musikalischen Beziehungen der sechs Zeilen zueinander lassen sich demnach mit dem „Melodie-Reimschema" ab-cb'-c'b beschreiben.

Auf eine andere Ebene der Melodieanalyse führt die Betrachtung des Tonraums der einzelnen Melodiezeilen und der Lage der Zeilenschlusstöne. Zeile 1 beschränkt sich, eigenartig „bescheiden" und gleichsam „suchend", auf die eröffnende Dur-Terz *f-a* mit nachfolgender Umspielung des Grundtons. In auffälligem Kontrast hierzu gewinnt Zeile 2 gleich den Gesamtumfang der Melodie, indem sie den Tonraum in raschem Aufstieg um je eine kleine Terz nach unten *(d-f)* und nach oben *(a-c)* erweitert und dann schrittweise noch einmal (bestätigend) zum Grundton zurückkehrt. Von den damit hinzugewonnenen Tonbereichen benützen Zeile 3 vorwiegend den oberen und Zeile 4 den unteren, also in umgekehrter Abfolge und mit je neuen Zeilenschlusstönen: *g* markiert die Dominante, *d* die Mollparallele. Zeile 5 kehrt wieder zum begrenzten Umfang der ersten Zeile zurück, während die Schlusszeile nach Ambitus und Melodieführung nahezu der zweiten entspricht. Für die rhythmische und melodische Gestalt der vorderen Zeilenhälften halten die Zeilen 1 bis 3 die Muster bereit, die in der Folge variiert oder wiederholt werden. Die hinteren Hälften der Zeilen 2 bis 6 sind geprägt von einem einzigen, denkbar einfachen melodischen Baustein: der Tonfolge *c-b-a-g-f-g*, die – einmal um den Anfangston verkürzt, einmal um eine Terz nach unten versetzt – insgesamt fünfmal verwendet wird. Die Schlusstöne der Zeilen 2 bis 6 (f-g-d-g-f) folgen einer symmetrischen Anordnung.

Aus solchem Reichtum an inneren Bezügen auf verschiedenen Ebenen, bei gleichzeitiger Beschränkung der angewandten Mittel, resultiert wohl die besondere Wirkung von Huijbers' Melodie.[19] Sie hat den Anschein des Bekannten und leicht Singbaren und wirkt doch keineswegs banal.

Im Ganzen hat sie jenen „schwebenden" und hinsichtlich des Wort-Ton-Bezuges offenen Charakter, der auch manchen Genfer Psalmmelodien eigen ist und der sie befähigt, einen mehrstrophigen Text mit durchaus konträren Affekten gültig zu tragen.

Bezeichnend für solche Offenheit und Mehrdeutigkeit ist vielleicht auch die Tatsache, dass Huijbers' Melodie sich einer einheitlichen Notation zu entziehen scheint: EG, GL, KG/RG/CG und EM bringen je verschiedene Abweichungen

[19] Eine ausführliche und kenntnisreiche Analyse der Melodie und ihrer „Sprache" hat – unter Einbezug der verschiedenen Text-Kontrafakturen von Oosterhuis – Anton Vernooij vorgelegt: De taal von een smekeling. Over het lied „Een smekeling, zo kom ik tot uw troon", in: Jaarboek voor liturgie-onderzoek 15 (1999) Groningen/Tilburg, 235–266.

von der Originalnotation, welche Es-Dur, durchgehenden 2/4-Takt, Anfangspause und lange Zeilenschlussnoten vorsieht.[20] Dass KG/RG/CG auf die Setzung von Taktstrichen verzichten, ist zur Vermeidung falscher Betonungen am Ende der Zeilen 2, 4 und 6 gewiss sinnvoll.[21]

Huub Oosterhuis hat die Melodie also zum Bittlied *Een smekeling, zo kom ik tot uw troon* (aus Psalm 119) kennen gelernt und war von ihrem Wert offenbar so überzeugt, dass er bald auch eigene Liedtexte auf ihre anspruchsvolle Strophenform schuf: zunächst die Vertrauenslieder *Zo vriendelijk en veilig als het licht* und *De Heer heeft mij gezien en onverwacht,*[22] später neben unserem *Ik sta voor U en leegte en gemis* noch fünf weitere, jeweils dreistrophige Lieder.[23]

PETER ERNST BERNOULLI

[20] So in: „Du bist der Atem meiner Lieder“, s. Anm. 9.

[21] Allerdings hat sich Huijbers als Komponist wiederholt gegen Änderungen an seiner Originalnotation verwahrt. Die kleineren Notenwerte als Achtel zu notieren, entspreche einer „romantischen“ Schreibweise, wie sie etwa auch bei Mozart anzutreffen sei, und bedeute keinesfalls eine Beschleunigung des Singtempos (vgl. Een Comp, 1185). Und die Wahl der tieferen Tonart Es-Dur sei bewusst erfolgt, „um die Leute zum leisen Singen anzuregen“ (B. M. Huijbers im Brief vom 25.9.1995).

[22] LvK 487 (vgl. dazu Ad den Besten: De dichter en de gemeente. Commissie „Groot-Zuid“, Amsterdam 1995, 57–59).

[23] *Hij die gesproken heeft een woord dat gaat* („Gemeinde-Lied“: Gezongen liedboek 152; Wort das trägt 160); *Dat duren zal, zolang er leven is* („Lied von Verdammung und Gnade“: Gezongen liedboek 151; Wort das trägt 158); *Ontijdig heeft de dood hem overmand* (ein Begräbnislied); *Van liefde zingt men hel en hoog ter been* (ein Hochzeitslied), *De woorden die wij spraken tot elkaar* (zur Feier des 60. Geburtstages von Königin Beatrix).

414 Lass mich, o Herr, in allen Dingen

Text

Verfasser Georg Joachim Zollikofer **Quelle** *Neues Gesangbuch, oder Sammlung der besten geistlichen Lieder und Gesänge*, Leipzig 1766 **Überschrift** *352. Mel. Dir, dir Jehovah.* Rubrik: *Von der Beharrlichkeit und dem Wachsthume im Guten.* **Strophenbau** A9/4a-A10/5b, A9/4a- A10/5b, A10/5c A10/5c **Abweichungen** 2,5 *Pilgrimschaft;* 4,5 und *unentweiht* **Verbindung TM** in der Q ohne N; zu dem in der Überschrift angegebenen Lied waren bis 1766 erschienen: Z II,3066 (Darmstadt 1698), 3067 (Freylinghausen 1704; wie EG), 3068 (Schemelli 1736), 3069 (Reimann 1747) * eigene Melodie: Z II 3075 (Hiller, bei Rheinek 1780) und 3076 (Böhner 1785)

Melodie

s. *Dir, dir, o Höchster, will ich singen* (EG 328)

Literatur

HEG II,360f * ThustB, 358 * STURM, Paul: Das evangelische Gesangbuch der Aufklärung. Ein Beitrag zur deutschen Geistesgeschichte des 17. und 18. Jahrhunderts, Barmen **1923** * RÖSSLERL **2001**, 757

Das Lied des in der Schweiz geborenen, seit 1758 jedoch in der reformierten Gemeinde in Leipzig wirkenden Theologen Georg Joachim Zollikofer (1730–1788) ist dem von ihm herausgegebenen, 1766 publizierten „Neuen Gesangbuch, oder Sammlung der besten geistlichen Lieder und Gesänge“ entnommen,[1] das als eines der ersten und richtungweisenden Gesangbücher der Aufklärungsepoche gilt.[2] Nur einige sogenannte Restaurationsgesangbücher[3] und fünf Regionalanhänge des EKG[4] haben das Lied tradiert, erst im Stammteil

[1] Hans-Jürg Stefan rechnet das Lied den „Gesänge[n] aus Schweizer Tradition im EG“ zu (WEG VI, 53, Zitat 52); das träfe nur dann zu, wenn Zollikofer es aus seinen Schweizer Jahren nach Leipzig mitgebracht hätte – wofür es m. W. kein Indiz gibt –, denn er arbeitet erst ab 1763 an seinem Gesangbuch (Grube in HEG II, 361). Das RG verzichtet auffälligerweise auf dieses Lied.

[2] Dazu vgl. Katharina Middell: „... die größere Aufklärung gehöret zu den Absichten Gottes“. Der Prediger Georg Joachim Zollikofer (1730–1788) und die Aufklärung in Leipzig, in: Hans Jürgen Sievers (Hg.): In der Mitte der Stadt. Die Evangelisch-reformierte Kirche zu Leipzig von der Einwanderung der Hugenotten bis zur Friedlichen Revolution, Leipzig 2000, 44–59, hier 52ff. – Schon mit einigen Veränderungen (vgl. z. B. unten Anm. 15) wird Zollikofers Lied auch in das folgenreichste Aufklärungsgesangbuch, den sog. „Mylius“ aufgenommen: Gesangbuch zum gottesdienstlichen Gebrauch in den Königlich-Preußischen Landen, Berlin 1780, Nr. 208.

[3] Es findet sich in sieben von 39 ausgewerteten Gesangbüchern aus der Zeit zwischen ca. 1840 und 1915, vgl. Philipp Dietz: Tabellarische Nachweisung des Liederbestandes der jetzt gebräuchlichen Landes- und Provinzialgesangbücher des evangelischen Deutschlands, Marburg 1904, 64.

[4] Berlin-Brandenburg-Pommern Nr. 468, Baden Nr. 482, Bremen Nr. 495, Hessen Nr. 450 (mit nur 2 Str.), Rheinland-Westfalen-Lippe Nr. 510, vgl. Dieter Frahm: Synopse zum Evangelischen Gesangbuch, Kiel 1996, 55.

des EG konnte es sich als zum gemeinsamen Kernbestand des Gemeindegesangs gehörig (bzw. empfohlen) etablieren.

In Form eines Gebets wendet sich das Lied direkt an Gott und thematisiert in jeder Strophe ein Anliegen: Str. 1 bittet darum, in allen Dingen und mit der ganzen Existenz (mit *Leib und Geist*) sich in Gottes *Willen* fügen zu können - wie das *Opfer* in 1,5 zu verstehen ist, erläutert 1,6; Str. 2 bittet um Stärkung im Glauben, der sich in tätiger Liebe erweist und die *Pilgerschaft* des Glaubenden begleitet; Str. 3 bittet um ein erfülltes Leben, das sich in guten wie in schlechten Tagen von Gott getragen weiß; Str. 4 blickt auf die Vollendung dieses von Dank an Gott erfüllten Lebens in der Ewigkeit voraus. Obwohl durchgehend in der Ich-Form formuliert, ist das Lied auch als gemeinschaftliche Glaubensäußerung begreifbar.

Jene Grundgedanken des Liedes sind nicht unbedingt originell, orientieren sich aber an dem, was Zollikofer unter „praktische[r] Frömmigkeit", die auch ein „besonderes Anliegen" seiner Predigten ist, versteht.[5] So äußert er einmal ganz im Sinne seines Liedes, die „wahre Frömmigkeit" sei eine „stets wirksame Gesinnung und Stimmung der Seele, die [...] uns stets willig und bereit macht, [...] nichts anderes zu thun, als was Gott gefällt und seinem Willen gemäß ist".[6] An Zollikofers Lied lässt sich gut beobachten, welche genuine Aufgabe dem gottesdienstlichen Lied im hymnologischen Verständnis der Aufklärung zukommt: anderweitig „mitgeteilte Wahrheit zur nachempfundenen Wahrheit" zu vermitteln; es soll nicht „belehren", sondern „Herzen bewegen", also Gefühle wecken und die „Umsetzung gehörter Wahrheit ins tätige Leben" befördern.[7]

Auffälligstes Kennzeichen dafür, dass das Lied Geist der Aufklärungstheologie atmet, ist seine ausschließliche Hinwendung zu Gott, während christologische Aspekte und Rekurse auf den Heiligen Geist völlig fehlen. In jener Epoche „wird die Zahl der Lieder über Gott [...] bedeutend vermehrt. [...] Es zeigt sich hierin die Verlegung des Schwergewichtes vom 2. auf den 1. Glaubensartikel".[8] So nimmt Vers 4,4 eine Formulierung aus Markus 7,37 auf (*Er hat alles wohl gemacht*), bezieht sie aber auf Gott, während sie bei Markus eindeutig auf Jesus abzielt. Der Wunsch des Beters, *in gut und bösen Tagen [...] vergnügt*, d. h. nach damaligem Wortsinn zufrieden[9] zu sein (3,2), bringt das grundsätzlich gleichmütig-optimistische Lebensgefühl der Aufklärungszeit zum Ausdruck.[10] Der für das Kirchenlied dieser Epoche typische „Gedanke, daß sich der tugendhafte Mensch durch sein rechtschaffenes Handeln den Weg zum Himmel ebnet",[11] ist in Zollikofers Lied zwar nicht selbstgewiss geäußert,

[5] Heinz-Hermann Grube in HEG II, 361.

[6] Zitiert nach Grube ebd. (die Auslassungen dort).

[7] Heinz-Hermann Grube: Ideen einer aufklärerischen Gesangbuchkonzeption, in: JLH 32 (1989), 170–176, hier 171f (das mittlere Zitat greift eine Formulierung F.G. Klopstocks auf).

[8] Sturm, 39f, vgl. auch Christoph Albrecht, Einführung in die Hymnologie, 4., überarbeitete und erweiterte Auflage, Göttingen 1995, 55, sowie Grube (wie Anm. 7), 176.

[9] Vgl. DWb Bd. 25, 467.

[10] Vgl. Sturm, 42f.

[11] Albrecht (wie Anm. 8), 57.

sondern in einer Reihe von Bitten an Gott vorgebracht (und damit verkappter Werkgerechtigkeit unverdächtig), aber insoweit spielt jener Gedanke v. a. in den Str. 3 und 4 eben doch mit. Sozusagen folgerichtig bezeugt auch dieses Lied, was für Zollikofers Predigten gilt: „Von menschlichem Versagen, von Sünde und Sündhaftigkeit wird nicht gesprochen. [...] Begriff und Sache der Erlösung kommen nicht vor".[12] Worum der Beter in Zollikofers Lied zu *ringen* hat (4,1), bleibt ganz unbestimmt. Womöglich denkt Zollikofer dabei, freilich recht vage, an Lukas 13,24 (*Ringt darum, dass ihr durch die enge Pforte hineingeht*). Sofern dieser Bezug einleuchtet, der bei Lukas mit der Frage verknüpft ist, wer (und wie man) „selig werden" kann (Lk 13,23), würde schon Vers 4,1 den eschatologischen Ausblick implizieren, der in 4,2 in Anlehnung an 2. Timotheus 4,7 (*Ich habe den guten Kampf gekämpft, ich habe den Lauf vollendet*) explizit anhebt und das Lied in 4,5–6 beschließt.

Der Sprachduktus dieses Liedes ist klar und allgemein verständlich, doch muten etliche Formulierungen formelhaft an[13] (1,5 *Leib und Geist*, 1,6 *was ich hab und bin*, 2,1 *Mut und Stärke*, 2,6 *Kampf und Sieg*, 4,1 *beten, wachen, ringen*, 4,3 *Dank und Ruhm und Ehre* u. a.); in Str. 2 wird z. B. der Gedanke der *Pilgerschaft* unvermittelt additiv (*und*) mit denen von *Kampf und Sieg(e)* verknüpft, und es wird auch nicht deutlich, wogegen gekämpft werden und worin der Sieg bestehen sollte. Andererseits ist das Lied reich an biblischen Wendungen[14] und Anspielungen (auffälliger Weise nur neutestamentlichen): Neben den schon genannten Bezügen greift Vers 1,3 Römer 7,18 (Schluss) auf; 1,5 verweist z. T. auf Römer 12,1–2 (*Geist* synonym für „Sinn" in 12,2); zu 2,3 vgl. Matthäus 7,16.20; in der Bitte 2,6 um *Kraft* des Glaubens *zum Kampf* darf man eine Anspielung auf 1. Timotheus 6,12 (hierauf eher als auf 2. Tim 4,7, wo dieser Gedanke schon im Licht der Ewigkeit formuliert ist) sehen; in 3,4 klingt Römer 8,28 mehr verbal als inhaltlich an.

Mit Vers 2,2 wird unter Bezug auf Galater 5,6 (*der Glaube, der durch die Liebe tätig ist*) auch die Nächstenliebe angesprochen,[15] der das Lied seine thematische Zuordnung im EG verdankt. Dies ist jedoch nur ein Aspekt des Liedes; weitere Gesichtspunkte gelten der Heiligung (vgl. 1,4; 4,5), dem Vertrauen in Gottes wohltätiges Handeln, insbesondere den (erbetenen) Wirkungen des Glaubens sowie der Ergebung in Gottes Willen, die schon in 1,2 angesprochen, in 3,3 aufgegriffen und um die Gewissheit erweitert wird, dass Gottes Wille –

[12] Gustav A. Benrath: Menschenbild und Seelsorge in der deutschen Spätaufklärung, in: Eilert Herms (Hg.): Menschenbild und Menschenwürde, Gütersloh 2001, 201–212, hier 204f.

[13] Diese Eigenheit berührt sich mit einem Befund von Hans-Christoph Piper: Der Verlust einer Dimension. Beobachtungen zum rationalistischen Gesangbuch, JLH 16 (1971) 85–104, hier 87f: Es sei „bemerkenswert, daß ein Lied nicht in seiner Ganzheit gesehen wird: Es besteht aus ‚Materialien', die je nach Bedarf für ein ‚neues' Lied verwendet werden können. Ein großer Teil der Lieder des ‚Mylius' [vgl. oben Anm. 2] ist in der Tat auf diese Weise entstanden."

[14] Das ist noch untypisch für das Aufklärungslied, in dem die „Bibelsprache [...] nicht grundsätzlich entfernt, aber zurückgedrängt" wird (Sturm, 38).

[15] Dieser Bezug wird in der Fassung des „Mylius" (wie Anm. 2) aufgeweicht, indem sie in 2,2 formuliert: *laß ihn durch Menschenliebe thätig seyn.*

dem harmonisierenden Gottesbild der Aufklärung gemäß – *mir zum Besten alles weislich fügt* (3,4). Aufgrund solcher thematischen Weite und in gewissem Sinn auch aufgrund der Formelhaftigkeit etlicher Verse ist Zollikofers Lied in vielerlei gottesdienstlichen Zusammenhängen und persönlichen Situationen einsetzbar, aber es bleibt etwas farblos.

REINHARD GÖRISCH

425 Gib uns Frieden jeden Tag

EG 425ö RG 828 (ö)+ KG 593 (ö)+ CG 904 (ö)+ EM 591ö
GL-Diözesanhänge

Text

Verfasser Rüdeger Lüders (Strophe 1), Kurt Rommel (Strophen 2–3) **Entstehung** Strophe 1 im Februar 1963 für einen Jugendgottesdienst. Strophen 2 und 3 1963 für einen Kino-Gottesdienst in Bad Cannstadt. **Vorlage** Str. 1: *Verleih uns Frieden gnädiglich* (EG 421) von Martin Luther **Quelle** *Lieder von heute*, hg. vom Evangelischen Stadtjugendpfarramt Stuttgart-Bad Cannstatt o.J. **Strophenbau** 7/4x_1 5/3a 8/4x_2- 5/3a 3/2x_3 3/2x_4 R: 3/2x_3 3/x_4 7/4x_5 5/3a **Abweichungen** 1,3 *Laß es dir nicht über werden* * KG, RG, CG: nach 3: 4. *Gib uns Glauben jeden Tag* **Verbindung TM** wie EG

Melodie

Incipit 3311 -6-6-5_ **Verfasser** Rüdeger Lüders **Entstehung** s. o. **Quelle** s. o. **Ambitus** G: 9; Z: 666662 **Verbindung MT** wie EG

Literatur

HEG II, 203.261f, WEG II, 81f.86.94f.* ÖLK Lfg. 6 * ThustB, 364f * TOBLER, Robert: Gib uns Frieden jeden Tag, NSKA 9 (1974) Nr. 48 * MEYER ²1997, 188.219

Bei der Schaffung des Liedes standen offenbar musikalische Beweggründe voran. Es entstand 1963 für „Kino-Gottesdienste" in Bad Cannstatt (Stuttgart) und sollte mit Dixieland-Begleitung singbar sein.[1] Demgemäß werfen wir in diesem Fall zuerst einen Blick auf die musikalische Struktur. Die vier Doppelzeilen zu jeweils vier Takten ergeben melodisch und harmonisch die Form A A' B A' (unbeschadet der kleinen metrischen Differenz der beiden A'-Teile: Beim ersten endet die erste Zeile unbetont, beim zweiten betont). Formbasis ist das harmonische Schema, welches zwar in dieser Form erst für die Akkordbezifferungen in den Deutschschweizer Gesangbüchern realisiert wurde, jedoch dem melodisch-formalen Verlauf eng entspricht und mit verschiedenen Varianten ähnlich auch in anderen Liedsammlungen zu finden ist.[2]

[1] Meyer ²1997, 188.

[2] In der Erstausgabe sind der Melodie keine Akkordbezifferungen beigegeben. Die gemäß Vorwort vom Melodieautor approbierten Bezifferungen in der Ausgabe „Neue Lieder" (Evang. Landeskirche Württemberg, Neuhausen-Stuttgart 1971, Nr. 14) sind komplizierter als diejenigen in unseren Gesangbüchern, zeigen aber ein ähnliches harmonisches Gefälle. Sie stehen identisch in „Songs junger Christen", Neuhausen-Stuttgart (1969) ⁶1974, Anhang Nr. 242. Für die Sammlung „Neue Lieder II", Evang. Landeskirche Württemberg, Neuhausen-Stuttgart 1983 (Nr. 745) wurden sie etwas vereinfacht; sie stehen der Fassung in unseren Gesangbüchern deutlich näher und verwenden auch die Quintenprogression in der zweiten Melodiehälfte.

In den A- bzw. A'-Teilen ist das Harmonieschema aus der authentischen Kadenz abgeleitet; jeweils die erste Hälfte führt bis zur Dominante, ebenso die zweite Hälfte des A-Teils, während die zweite Hälfte der A'-Teile über einen trugschlussartigen Umweg mit der VI. Stufe zur Tonika zurückführt. Der B-Teil ist eine in der Jazzharmonik häufig anzutreffende Quintenprogression; sie setzt auf der von der Tonika aus mediantisch erreichten III. Stufe ein und führt, hinübergreifend in den anschließenden A'-Teil, zurück zur Tonika und darüber hinaus bis zur Subdominante.

Die Melodie ist nicht primär als Linie gedacht, sondern sie bewegt sich vor allem in Sprüngen und Tonwiederholungen durch die vorgegebenen Akkorde, und zwar liegt sie auf dem betonten Taktanfang auffallend häufig auf der Terz des jeweiligen Dreiklangs, nämlich in 11 von 16 Takten. Das ergibt einen angenehm-eingängigen Klangcharakter mit einer gewissen Weichheit, näher bei Schlager und Chanson als beim Jazz. Fehlt dann auch der Dixieland-Sound, bleibt eine Art Kinderliedmelodie aus eher harmlosen „Trällermotiven“ übrig.

Der Text ist nicht aus einem Guss. Ergänzungen, Änderungen und Umstellungen haben zu seiner heutigen Gestalt geführt, die wir zuerst betrachten, ohne den dahinterstehenden Prozess zu berücksichtigen.

Kennzeichnend ist eine reihend-assoziative Textstruktur, die über weite Strecken nicht auf logische Abfolge und Verknüpfung angelegt ist. *Gib uns Frieden* (1,1) knüpft an die mittelalterliche Friedensantiphon *Da pacem Domine* bzw. ihre deutsche Fassung von Martin Luther, *Verleih uns Frieden gnädiglich* (1529; EG 421/KG 589/RG 332/CG 900), an und wurde wie dieses Lied ursprünglich vor allem zum Gottesdienstschluss gesungen.[3] Auch der *Tag* weist auf diese Vorlage zurück („in diebus nostris“ – in unseren Tagen bzw. bei Luther *zu unsern Zeiten*), kann aber zudem als Assoziation zum Vaterunser gehört werden: *Unser tägliches Brot gib uns heute.* Die Fortsetzung spielt auf eine weitere Stelle an, nämlich auf den Schluss des Matthäusevangeliums: *Siehe, ich bin bei euch alle Tage bis an der Welt Ende* (Mt 28,20), welche den Schluss der ersten Strophenhälfte ausmacht: *stets bei uns zu sein. Denn nur du* (1,5) kehrt zu Luthers Lied zurück: *Es ist doch ja kein andrer nicht*; die Fortsetzung (*der für uns könnte streiten*) fehlt hingegen. Das Problem des Kriegsvokabulars ist damit zwar vermieden, doch taucht mit dem Ersatz *hast die Menschen in der Hand* ein anderes auf: Ist es wirklich sinnvoll, angesichts des Unfriedens in der Welt, der immer wieder zum Friedensgebet treibt, von Gottes Allmacht zu sprechen? Meinen wir nicht gerade da oft eher seine Abwesenheit oder gar seine Ohnmacht zu spüren?

Frieden und *Freiheit* nennen wir gerne in einem Atemzug, in Strophe 2 nun allerdings in der etwas schwächlichen Allerweltsformulierung *lass uns [...] tätig sein.* Es ist ja kaum zu bezweifeln, dass Gott uns Gutes tun „lässt“, wenn wir nur wollen – dagegen hat er sicher nichts. Wir sollten ihn besser um Einsicht,

[3] So der Verfasser von Strophe 1, Rüdeger Lüders, vgl. Meyer [2]1997, 188.

Erkenntnis, Mut und Hartnäckigkeit für unser Tun bitten. Das wird ja wohl auch im Liedtext so gemeint sein, nur müssen sich das die Singenden hinter der abgeschliffenen Formel selber dazudenken. Die zweite Strophenhälfte birgt zudem die Gefahr einer apolitischen Rücknahme des Freiheitsbegriffs in sich: Wenn wir *in jedem Land* durch Gott frei sind, könnte das in repressiven Systemen auch den Rückzug auf eine innere, geistige Freiheit bedeuten – vom Autor wohl kaum so gemeint, aber im Verständnis nicht völlig von der Hand zu weisen.

Dass auf *Frieden* und *Freiheit* in Str. 3 noch *Freude* folgt, verdankt sich vermutlich zunächst dem Wortklang, der Alliteration. Die theologische Aufladung wie bei *Jesu, meine Freude* (EG 396) oder *In dir ist Freude* (EG 398) dürfte der Begriff hier kaum erreichen; die Fortsetzung in 3,3 mit den *kleinsten Freundlichkeiten* provoziert geradezu die Rücknahme ins Harmlose. Die alltäglichen Grundfragen eigener und fremder Existenz, die für ein Leben in *Freude* gestellt werden müssen, verschwinden hinter einer kleinbürgerlichen Beziehungsidylle. Die Strophe stimmt in ihrer zweiten Hälfte mit derjenigen von Str. 1 weitgehend überein. Ein inhaltlicher Zusammenhang ist nicht zur erkennen; es handelt sich wohl um eine formale Maßnahme, die das ursprünglich dreistrophige Lied (so auch noch die ökumenische Fassung in LbR 212) auf diese Weise abrundete.

In mehreren Gesangbüchern hat das Lied noch eine vierte Strophe über die dreistrophige ö-Fassung hinaus (u. a. RG, KG):

Gib uns Glauben jeden Tag.
Lass uns nicht allein.
Dir nur wollen wir vertrauen
und gehorsam sein.
Ohne dich, unsern Gott,
ohne dich, unsern Gott,
baun wir unser Haus auf Sand.
Lass uns nicht allein.

Diese Strophe bricht die Reihenform etwas auf: In Zeile 1 ist die Alliteration verlassen, und die zweite Strophenhälfte beginnt mit *Ohne dich* statt mit *Denn.* Ihre wichtigste Besonderheit liegt aber in der konsequenten Gedankenführung, die an die Stelle der assoziierenden, wenn nicht gar etwas zufälligen Formulierung der Strophen 1–3 tritt. *Glauben, vertrauen, gehorsam* ist eine sinnvolle, in Bibel und Tradition verankerte Begriffsreihe, und mit der Anspielung auf das Gleichnis vom Hausbau in der Bergpredigt (Mt 7,24–27) erhält das Lied eine biblische und bildhafte Abrundung, die im Nachgang für die teilweise allzu flachen vorangegangenen Strophen eine gewisse Vertiefung bringt.[4]

Die *Glauben*-Strophe war aber ursprünglich gar nicht als vertiefender Abschluss gedacht, sondern als Ersatz für die Strophe 2, die in der DDR wegen

[4] Im inoffiziellen Anhang (1986, Nr. 921) zum Gesangbuch der Christkatholischen Kirche der Schweiz von 1978 ist die theologische „Aufladung" noch weitergetrieben: Auf die (geänderte) *Glauben*-Strophe folgt eine *Hoffnung*- und eine *Liebe*-Strophe. Die Verfasserschaft dieser Strophenausweitung mit Blick auf den 1. Korintherbrief 13,13 ist im Anhang nicht genannt.

des offenbar verfänglichen Begriffs der Freiheit nicht hätte gedruckt werden dürfen. In ihrer ursprünglichen Fassung lautete die Alternative:

Gib uns Glauben jeden Tag!
Lass uns nicht allein.
Lass uns glaubend ohne Sorgen
Für dich tätig sein.
Ohne dich, unsern Gott,
ohne dich, unsern Gott,
sind wir feig in jedem Land.
Lass uns nicht allein.

Der Verfasser ist nicht genannt; vielleicht handelt es sich um Theophil Rothenberg (1912–2004), den Herausgeber der Liedersammlung, in der das Lied erschien.[5] Die heutige Fassung unserer vierten Strophe entstand 1976 für das freikirchliche Gesangbuch „Gemeindelieder"[6], welches in einer Parallelausgabe auch in der DDR erschien und deshalb die Ersatzstrophe übernehmen musste. Formuliert hat sie im Wesentlichen, d. h. in den Zeilen 3, 4 und 7, Günter Balders (geb. 1942).[7]

Steht diese Strophenergänzung am Ende des Entstehungsprozesses, so zeigt dieser bereits ganz zu Beginn eine Erweiterung. Die in Anlehnung an die Textvorlage *Verleih uns Frieden gnädiglich* entstandene einzige Strophe des evangelischen Jugendarbeiters und Liedermachers Rüdeger Lüders (geb. 1936), von dem auch die Melodie stammt, wurde um die Strophen 2 und 3 ergänzt von Kurt Rommel (1926–2011), der zu dieser Zeit in Bad Cannstatt Stadtjugendpfarrer war. Wie bei der Entstehung des Liedes überhaupt, stand auch bei dieser ersten Erweiterung die Musik im Vordergrund: Das Lied sollte länger als nur eine kurze Strophe lang gespielt werden können. Dies erklärt die inhaltlich wenig dichte Formulierung, die mit dem Gleichklang der Schlüsselwörter, der lockeren Gedankenreihung und der Wiederaufnahme einer kompletten Strophenhälfte (3,5–8 = 1,5–8) wohl vor allem die Absicht verfolgt, weiteren singbaren Text bereitzustellen.

Auf eine Textänderung ist noch besonders hinzuweisen.[8] Die Zeile 1,3 lautete zunächst: *Lass es dir nicht über werden, stets bei uns zu sein.* Diese reichlich verdrehte Formulierung wurde zuerst korrigiert zu *denn du hast uns fest versprochen* (so z. B. in NSK 48), dann (offenbar vom Autor selbst)[9] zur heutigen Fassung: *du hast uns dein Wort gegeben.*

[5] Gott liebt diese Welt. Neue Lieder I, Nr. 18, dort Str. 2. Zur Vermutung betr. die Verfasserschaft vgl. Brief von Günter Balders an Walter Wiesli, 30.3.2000.

[6] Hg. vom Bund Evangelisch-freikirchlicher Gemeinden und vom Bund Freier Evangelischer Gemeinden, Wuppertal/Kassel/Witten 1978, Nr. 435.

[7] Brief von Günter Balders, wie Anm. 5.

[8] In den zahlreichen Liedersammlungen, in denen *Gib uns Frieden jeden Tag* zu finden ist, hat der Text immer wieder kleinere und größere Korrekturen erfahren (z. B. Zeile 2,3, vgl. NSK 48, LbR 212: *Für den Frieden und die Freiheit lass uns tätig sein*).

[9] Gemäß Protokoll der AÖL von 1991.

Aufs Ganze gesehen, wird man wohl feststellen müssen, dass sich hier ein anspruchsloses Lied erstaunlich weit verbreitet und gehalten hat. Das mag an der einprägsamen Anfangszeile und an der eingängigen musikalischen Gestaltung liegen. Im geeigneten Kontext ist es ja auch durchaus brauchbar, wenn andere liturgische Elemente zur Vertiefung beitragen.

ANDREAS MARTI

440 All Morgen ist ganz frisch und neu

EG 440ö GL 666ö RG 557ö(+) KG 670(ö+) EM 610ö CG 303(ö+)

Text

Verfasser Johannes Zwick **Entstehung** Ambrosius Blarer hat die Quelle 1545 aus dem Nachlass des 1542 verstorbenen Zwick herausgeben **Vorlage** Klgl 3,22f **Quellen** (a) *Christenlicher gantz Trostlicher vnderricht* (Johannes Zwick, Ambrosius Blarer), Konstanz 1545 * (b) Text-Melodie-Verbindung erstmals in: Wilhelm Thomas, Konrad Ameln (Hg.), *Das Morgenlied. 53 deutsche geistliche Morgenlieder, größtenteils mit eigenen Weisen, aus dem 16., 17. u. 18. Jahrhundert*, Augsburg 1927, Nr. 29 **Überschrift** (a) *Nun Volgend Drü schöne Morgen gesang. Das Erst, in voriger weyß* **Ausgabe** W III,693 **Strophenbau** A8/4a A8/4a A8/4b A8/4b vgl. Frank 4.58 ‚Ambrosianische Hymnenstrophe' **Abweichungen** (a) 1,4 *daruff sich jeder lassen mag*; nach 1: 2. *Doch sag du nit ... Ey, das ist gůt*; 3. *Dann diss zwar ain verkerter sinn*; 4. *Drumm stadt der hymmel liechter voll*; 5. *So hat der leib der ougen gsicht*; 2,2 von *deirn lieb*; 2,3 *All dine liecht zünd*; 2,4 lass *shertz*; 3,4 *beut uns*; 4,2 *sich jmmer*; 4,3 *Das wir mögend* im *glouben bston*; 4,4 und *bleibind* von dir *vnuerlorn* * (b) 2,2 Gib, *was wir von Deiner Lieb begehrn.*; 2,3 *All Deine Licht zünd* in uns an; 2,4 *Laß's Herz* an Gnad; 3,4 Und *beut* uns; nach 4: *Amen* * RG und CG: nach 1: 2. *Drum steht der Himmel lichter voll;* 3. *So hat der Leib der Augen Licht* **Verbindung TM** in (a) mit zwei Tonangaben: *Jetzt ist aber ein Tag dahin* (Z I 348) und *Christe, der du bist Tag und Licht* (Z I 343; EKG 353) * ein von Julius Smend und Friedrich Spitta bearbeiteter Text steht mit der Melodie *Herr Jesu Christ, dich zu uns wend* (EG 155) in: *Evangelisches Gesangbuch Elsaß-Lothringen*, Straßburg 1899

Melodie

Incipit 88_7_8_5_342_1_ **Verfasser** Johann Walter **Quellen** (a) *TRIVM VOCUM CANTIONES CENTUM* [...], Nürnberg 1541 Nr. 17 (DKL 1541[09]; nachgetragen in: DKL III/1, Registerbd., 11; Tenorlied 27.6) * (b) s. o. **Überschrift** (a) *Auf Bergreien Weis* **Ausgaben** Z I 345[1]; DKL III Registerbd. Ec30A (S. 25 und 46; Melodiefassung nach dem Erstdruck) und DKL III/1.2 Ec30 (Melodiefassung nach Johann Walter 1550); Otto Schröder (Hg.), Johann Walter, Sämtliche Werke, Band 1: Geistliches Gesangbüchlein, Kassel 1953, Nr. 71b * (b) Faks in: Der evangelische Kirchenchor, 1965/5, Titelseite (s. u. Literatur) **Besonderes** Bassstimme eines 3st. Satzes **Ambitus** G: 8; Z: 886b6 **Abweichungen** (a) Oktave tiefer; kleinere satz- und textbedingte Abweichungen; Wdh. der letzten Zeile * (b) ¢-Takt; halbe Notenwerte, nach Str. 4 Amen: 121_1_ * EM: mit 4st. Satz (Paul Müller 1952) **Verbindung MT** in der Q mit *Vom Himmel hoch da komm ich her* (M. Luther; EG 24) * *Wir sagen dir, Gott, Preis und Dank* (Johann Magdeburg 1572; Tenorlied 87.7) * *Lobsinget Gott und schweiget nicht* (M. Weiße, 1598)

[1] Die Quellenangabe Walter 1537 ist unzutreffend.

Literatur

HEKG (Nr. 336) I/2,494; III/2,403–406; Sb 523f; DKL III/1.2, Textbd. 184 und DKL III, Abschließender Kommentarbd. zu Bd. 3 und 4, 274; HEG II, 337–339.361f * WGL VII, 302–304 * ÖLK Lfg. 3 * ThustB, 372f * Bruppacher **1953**, 80–82 * Metzger, Günther: All Morgen ist ganz frisch und neu, WüBll 21 (**1954**) 71–73 * Thomas, Wilhelm: Zur Geschichte des Gemeindeliedes „All Morgen ist ganz frisch und neu", JLH 1 (**1955**) 112f * Sommer, Ernst: Walters Weise zu Luthers „Vom Himmel hoch da komm ich her", JLH 10 (**1965**) 146–161 * Jenny, Markus: Hier irrt Goethe!, Der evangelische Kirchenchor **1965**/5, 69f * Wynn, Ronald L.: The French and German Works in „Trium vocum cantiones centum": A Critical Edition, Colorado **1969** Nr. 17 * Nievergelt, Edwin: All Morgen ist ganz frisch und neu, NSKA 13 (**1973**) Nr. 66 * den Besten, Ad: Der Weckruf im geistlichen Morgenlied der Reformationszeit, JLH 27 (**1983**) 137–155 (bes. 154f) * Blankenburg, Walter: Johann Walter. Leben und Werk, aus dem Nachlaß hg. von Friedhelm Brusniak, Tutzing **1991**, 187f.228f * Heer, Emil: Kernlieder pflegen, NSK **1991**/2, 26f * Brinzing, Armin/Teramoto, Mariko: Katalog der Musikdrucke des Johannes Petreius in Nürnberg, Kassel **1993**, 92 * Schneider/Vicktor **1993**, 22–25 * Wyss-Jenny, Elisabeth: All Morgen ist ganz frisch und neu, WGD (**1998**) 126f * Stalmann, Joachim: Art. Johann Walter, MGG², Personenteil 17 (**2007**) 430–437 * Stefan, Hans-Jürg: All Morgen ist ganz frisch und neu – EG 440, in: Kirche klingt. 77 Lieder für das Kirchenjahr, hg. v. Jochen Arnold/Klaus-Martin Bresgott, Hannover **2011**, 209–212 * Betz, Susanne/Hilt, Hans/Leube, Bernhard (Hg.): Unsere Kernlieder. Werkbuch zur Arbeit mit Kindern, Jugendlichen und Erwachsenen, München **2011**, 155–159

Die beiden Morgenlieder des Konstanzer Reformators, EG 440 und 441, stehen auch in der Erstquelle unmittelbar hintereinander (ein drittes wurde nicht ins EG aufgenommen). Unser Lied – als textlich-musikalische Einheit und in der Strophenauswahl, in der es uns heute vorliegt – brauchte bis zu seiner heutigen Gestalt rund 400 Jahre. Die erste Veröffentlichung 1545 war für gut 350 Jahre auch schon die letzte, wird jedenfalls erst im Gesangbuch für Elsass-Lothringen 1899 wiederbelebt. Dann hat es die kirchliche Singbewegung 1927 in ein Morgenliederbuch (s. o. Quelle b) aufgenommen – erst jetzt verbunden mit der Melodie Johann Walters. Erst nach dem 2. Weltkrieg fand es Aufnahme ins gesamtdeutsche Gesangbuch und zählt seither zu den meistgesungenen Morgenliedern.

Der Dichter Johann Zwick war bei der Erstveröffentlichung schon seit drei Jahren tot. Sie geschah weder in einem Gesang-, noch überhaupt in einem Liederbuch, sondern die Publikation nennt sich: „Christlicher ganz Trostlicher vnderricht / wie man sich zu ainem säligen Stärben bereiten sölle" (zit. nach W. Thomas, 1955, 112). Dort nennt es sich *„Morgen gesang"*. Die Dichtung zählte ursprünglich doppelt so viele, nämlich acht Strophen: Nach Str. 1 haben EKG und EG vier Strophen gestrichen. Wilhelm Thomas begründet das (113) folgendermaßen: Die ausgefallenen Strophen seien „eine Katechese" gewesen, „um jede Missdeutung der Gnadenbotschaft im Sinne eines antinomistischen Libertinismus [also einer Freiheit vom Gesetz, die sich als sittlich ungebunden missversteht] abzuwehren. Diese Art der Belehrung in Liedform [...] liegt uns heute nicht mehr". Die verbliebenen vier Strophen ergäben aber „ein Lied, das bei aller Kürze doch wesentliche Gedanken in reicher Fülle enthielt". Dazu gab es allerdings 28 Jahre später scharfen Widerspruch von dem niederländischen Hymnologen Ad den Besten (1983, 154f). Ohne die gestrichenen Strophen bestehe die „Versuchung", die Lichtmetaphorik des Liedes gnostisch misszuverstehen. Er denkt wohl u. a. an die verbliebene Strophe 2,3: *Zünd deine Lichter in uns an* ... Soll hier etwa einer „Vergottung" des Menschen das Wort geredet werden? Nur der Originaltext als ganzer sei dagegen gefeit! Verdienstvollerweise teilt den Besten diesen in seiner Originalgestalt mit (155). Eine genauere Betrachtung der Zwickschen Dichtung kann seinen Verdacht aber nicht bestätigen.

Anders als so viele Morgenlieder folgt dieses nicht dem Typus des „Wächterliedes", das mit einem Weckruf zu beginnen pflegt. Stattdessen wird Mut gemacht, sich dem anbrechenden Tag vertrauensvoll zu öffnen und zu widmen. Und das jeden Morgen! Nicht weil die Sonne so schön und alles so *frisch* scheint, sondern weil Gottes Gnade und Treue mit jedem Morgen *ganz frisch und neu* aufstrahlt. *Sie* hält den ganzen Tag über an, *drauf jeder sich verlassen mag*. Der Tag wird hier seinerseits zur Metapher für die Lebenszeit. Schon dieser starke Liedanfang reicht völlig hin, um jedem der dann folgenden *Lichter* zu wehren, sich vom Schöpfer und Erlöser zu lösen.

Die heutige zweite Strophe (original die sechste) entspricht inhaltlich der ersten, greift aber ein metaphorisches Traditionsmotiv, nicht nur der geistlichen Morgenlieder, auf: Gott als *Morgenstern* (oder noch öfter Christus), der über seiner Welt und den Menschen täglich aufgeht. Und nun bittet das Lied, dass das Licht „ansteckend" wirkt, dass also auch uns „ein Licht aufgeht", nein – nicht nur eins, sondern viele! Hier hat das EG gegenüber dem EKG nochmals geändert: *All deine Licht' zünd in uns an* sang man mit dem EKG und dem Original. Nun sollte wohl die Deklamation geglättet werden: *Zünd deine Lichter in uns an!* Zwick meinte, es sollten schon alle sein. Wohl auch aus Deklamationsgründen änderte man schon die zweite Zeile: *Gib, was wir von deinr Lieb begehrn.* Jetzt sollen wir singen: *Gib uns, was wir von dir begehrn.* Sprachlich wie inhaltlich scheint mir das nicht gerade ein Gewinn zu sein. Gottes Liebe war dem Dichter nicht unwichtig. Aber jetzt Gnosis? Nein! Die Lichter sind die Summe der Gnadengaben Gottes, das *Herz* ist die existentielle Lebensmitte, die auf Gottes Gnade angewiesen ist und bleibt.

In Strophe 3 wird das göttliche Licht gleichsam zum Exorzisten, der die Finsternis „austreibt" – und damit *Ärgernis*, *Blindheit* und alle *Schand'*. Auch das wird alsbald an das heilvolle Handeln Gottes gebunden, ist also kein mystisches Geschehen: *reich uns Tag und Nacht dein Hand.* Bei Zwick und noch im EKG hieß es: *beut vnß tag vnd nacht din hand.* Was nicht ganz dasselbe ist wie eine „Handreichung", vielmehr ein „handfestes" Hilfsangebot! Allerdings begegnet uns das Motiv im gleichen Sinn auch in EG 365,1, da heißt es (orig.!): *Er reicht mir seine Hand.*

Ohne diese ständige hilfreiche Begleitung unseres Schöpfers jedenfalls gelänge uns nicht, was die Schlussstrophe als Weg und Ziel unseres Lebens-Wandels vorgibt. Mag es draußen immer wieder finster werden: In Gott bleibt immerfort

„lichter Tag“, es geschehe, was da wolle. So halten wir den Glauben durch *bis ans End* und bleiben sogar darüber hinaus von Gott *ungetrennt.* Nur hier ganz am Schluss klingt der Kontext der Erstquelle – Sterbebereitung – an. Aber das *End* ist ja doppeldeutig; es umschließt auch die „Endzeit“ in Gott.

Man kann fragen: Warum nimmt Zwick die johanneische Christologie nicht auf, nach der Christus selbst sich als „Licht der Welt“ bezeichnet? Schon in Str. 2 ist ja der „Morgenstern“ nicht wie sonst meist auf Christus gemünzt, sondern auf Gott allgemein. Und auch die ausgefallenen Strophen enthielten keinerlei explizite Christologie. Die ist aber bei Zwick implizit immer präsent. Das im Strophenbau gleiche zweite Morgenlied Zwicks stellt das in Str. 2 klar, nachdem es in der ersten Gott als Licht anredete: *Das ist der Herre Jesus Christ,/ der ja die göttlich Wahrheit ist.* Im hier zu besprechenden Lied ist das eingeschlossen in den Stichworten *Gnad* (Str. 1 und 2), *große Treue* (Str. 1), *Glauben bis ans End* und *ungetrennt(e)* Verbundenheit mit dem Gott für uns. Ein Vergleich beider Lieder könnte sich auch sonst lohnen.

Die seit 1927 eingegangene „späte Ehe“ der Dichtung Zwicks mit einer Melodie Walters kann man als glücklichen Einfall bezeichnen. Walter schuf hier zu Luthers *Vom Himmel hoch* als Bassstimme eines zwei- bis dreistimmigen Satzes eine der gelungensten Melodien „im jonischen Oktavraum“.[2] Sie steht denjenigen zu EG 24 (*Vom Himmel hoch*) und EG 362 (*Ein feste Burg*) nahe, dazu auch Walters Alternativmelodie zu EG 148 (*Herzlich tut mich erfreuen*, Johann Walter, Sämtliche Werke, Bd. 3, 73, ebenfalls als „Bergreihen“ deklariert). Alle diese (und noch weitere) Melodien setzen in der Oberoktave zur Finalis ein und messen den vollen Oktavraum aus, wobei Quinte und Terz als Zäsuren eine große Rolle spielen.

Vergleichen wir unsere Melodie mitsamt ihrem Originaltext mit der (vermutlich etwas früheren) von Luther selbst (EG 24), so ergeben sich interessante Parallelen und Divergenzen. Beide beginnen mit ihrem Spitzenton *c'*, eine Oktave über der Finalis. Luther kehrt in jeder Zeile mindestens einmal zum Spitzenton zurück, Walter in den ersten drei Zeilen. Das sind eigentlich lauter Ausrufungszeichen. Beide setzen – mit Ausnahme der Schlusszeile – die jeweils nächste Zeile mit dem Schlusston der vorangegangenen fort. Anders als Walter zögert Luther die Finalis hinaus bis zum Schluss, wohl um die Spannung durchzuhalten. Walter hingegen nimmt den Abstieg gleich in der ersten Zeile vorweg. Obwohl beide an den Zeilenzäsuren auf einem der C-Dur-Vierklangstöne verweilen, so gehen sie doch in deren Disponierung eigene Wege. Luther: *c' – e – g – c*; Walter: *c' – g – e – c.* Auch damit bremst Luther den Abstieg seiner Melodie. Der absteigende Dreiklang *c' – g – e* eröffnet bei ihm erst die zweite Zeile, denn seine Anfangszeile hält sich im Ambitus nur einer Quarte. Bei Walter hingegen begegnet die Figur schon in der ersten Zeile. Luther will eben nicht so schnell abwärts, er kehrt nochmals zum Spitzenton zurück, … *da komm ich*

[2] Walter Blankenburg, Geschichte der Melodien des EKG, HEKG II/2, 59–63.

her. Walters Verkündigungsengel dagegen landet alsbald bei den Hirten auf dem Felde und berichtet, woher er kommt. Folglich muss er für die folgende Botschaft einen neuen Anlauf nehmen, wobei die „neue" Mär in der Höhe einen melismatischen Akzent (*h* – *c*) erhält. Luther hingegen setzt von der Oberoktave aus den Abstieg fort – gleichsam vom Himmel auf die Erde, bis zur Zeilenzäsur auf *e*, also schon recht nahe bei der Finalis. Die dritte Zeile beginnt bei beiden mit einem Quartsprung, bei Luther aber nun von e, bei Walter von *g* aus. Er landet also wieder auf dem hohen *c*, um dann die Tonskala bis zur Sexte herabzusinken. Diesen Abstieg vollzieht Luther erst in der Schlusszeile, dafür sogar noch konsequenter. Walter dagegen baut vom Grundton aus einen Melodiebogen, der bis zur oberen Sexte reicht.

Ich wüsste eigentlich nicht, welcher der beiden Melodien ich bei *Vom Himmel hoch* den Vorzug geben sollte. Luthers eigene hat sich durchgesetzt. Diejenige Walters hat nunmehr einen würdigen Ersatzpartner in Zwicks Morgengesang gefunden. Die Anpassung an diesen Text ist allerdings weniger eng, denn den hatte Walter ja nicht zu vertonen. So fallen auf den Spitzenton schon in Str. 1 zweimal unbetonte Worte (*ist* und *hat*), was auch der jambische Sprachrhythmus nicht ganz legitimiert. Aber das fällt nicht weiter ins Gewicht. Bei gleichem Strophenbau zeigt sich Walters Melodie so vielseitig verwendbar, dass sie uns bei dem andern Morgenlied Zwicks (EG 441) als Zweitmelodie wiederbegegnet. Sie macht den lichten Charakter des Liedes EG 440 so gut sing- und hörbar, dass sie seine Akzeptanz in der singenden Gemeinde sehr gefördert haben dürfte.

JOACHIM STALMANN

455 Morgenlicht leuchtet

RG 533 CG 308 (EM 618)

Text

Verfasser Jürgen Henkys **Entstehung** 1987/88 **Vorlage** Eleanor Farjeon, *Morning has broken* (1931, s. u. Melodie/Quelle) **Quelle** bisher unveröffentlicht **Strophenbau** $10/\underline{4}x_1$ $9/\underline{4}a$ $10/\underline{4}x_2$ $9/\underline{4}a$ **Verbindung TM** wie EG

Melodie

Incipit 135 8_.9_.765 6_.5_. **Entstehung** gälisches Volklied, vor 1900 **Quelle** *Songs of Praise. Enlarged Edition* (hg. Percy Dearmer, Ralph Vaughan Williams, Martin Shaw), London 1931 **Ambitus** G: 9; Z: 9686 **Abweichungen** Halbton höher (Des-Dur!); ohne Taktangabe, aber Taktstriche nach je neun Vierteln – ohne Auftakt; mit vierstimmigem Satz **Verbindung MT** s. Text/Vorlage * EM: *Tageserwachen, ein neuer Morgen* (Joachim Georg, 2000)

Literatur

HEG II,89.140–142; ThustB, 383 * DEARMER, Percy: Songs of Praise Discussed, London **1933**, 16f.421 * TISCHER, Rolf: Religiöse Zeitzeichen in der Rock- und Popmusik, Stuttgart **1989**, 24–26 * GIERING, Achim: Morgenlicht. „Morgenlicht leuchtet ...", Chl 48 (**1995**) 185f * BLOCK, Detlev: Der Gegenwart Gestalt geben. Zeitgenössische Liedtexte und Autoren im neuen Evangelischen Gesangbuch, in: Roland Deinzer/Martina Zobel (Hg.): Unterrichten mit dem Evangelischen Gesangbuch. Teil 2, Erlangen **1997**, 121–123 * MEYER [2]**1997**, 27 * EGERER **2002** * HENKYS, Jürgen: Kirchenlieder aus benachbarten Sprachräumen. Zum Kriterienproblem in der Gesangbucharbeit, in: Hermann Kurzke/Andrea Neuhaus (Hg.): Gotteslob-Revision. Probleme, Prozesse und Perspektiven einer Gesangbuchreform, Tübingen/Basel **2003**, 185–187 * TEICHMANN, Wolfgang: Morgenlicht leuchtet, in: Kirche klingt. 77 Lieder für das Kirchenjahr, hg. v. Jochen Arnold/Klaus-Martin Bresgott, Hannover **2011**, 187–189

Das Lied hat eine bemerkenswerte Rezeptionsgeschichte: Als Auftragsarbeit für das englische Liederbuch „Songs of Praise" (London 1931) schrieb die (Kinderbuch-)Autorin Eleanor Farjeon den Text, der 1957 in ihrer Gedichtsammlung „The Children's Bells" unter der Überschrift „A Morning Song (For the First Day of Spring)" abgedruckt wurde. Mit dem neuen Text sollte eine alte, populäre gälische Melodie, die unter der Bezeichnung „Bunessan" bekannt ist[1],

[1] Die Melodie ist ein Arrangement von Martin Shaw aus einer alten gälischen Melodie, vgl. L. Macbean, Songs and Hymns oft the Gael, o. O., 1900; auch Percy Dearmer, Songs of Praise Discussed, London 1933. Bei Bunessan auf der Insel Mull in Schottland liegt der Ort Ardtun, in dem Mary MacDonald (1789–1872) geboren wurde. Sie verfasste ein gälisches Weihnachtslied

genutzt werden. Diese Lehnmelodie eröffnete dem Text den Weg in die weite Welt der Popularmusik: Der Folk-Sänger Cat Stevens[2] brachte 1971 die ersten drei Strophen des Farjeon-Textes auf seinem Album „Teaser and the Firecat" heraus und machte das Lied populär: Kaum eine Party der 70er- und 80er-Jahre, bei der dieses langsame, gefühlvolle Lied nicht das schier bewegungslose Stay-Blues-Tanzen begleitete. Weil das Lied vor allem mit diesem Kontext identifiziert wurde, erregte seine Aufnahme in das EG manche Gemüter. Wer das Lied nur als Partysong zu kennen glaubte, staunt über seine sprachen- und genreübergreifende Rezeption.

Die Übertragung des poetischen Textes ins Deutsche[3] stellt – was das Metrum und den Bilderreichtum der Vorlage anbelangt – vor nicht geringe Herausforderungen. Auf dem Hintergrund der Schöpfungsgeschichte (1. Mose 1 und 2) erklingt dieses Danklied zum Tagesbeginn. Es verbleibt ganz im ersten Glaubensartikel. Jegliche Bitte fehlt, der Ton ist von Freude, Dank und Anbetung bestimmt. Das macht es unter den Morgenliedern im Gesangbuch einzigartig[4].

Dass in jedem neuen Morgen Gottes Schöpfungswerk gegenwärtig ist, unterstreicht die erste Strophe zu Beginn (vgl. EG 446, 4). Das englische Original lautet: *Morning has broken like the first morning./ Blackbird has spoken like the first bird./ Praise for the singing, praise for the morning,/ praise for them springing fresh from the word.*[5]

Schöpferlob benennt, um wen und was es geht: Im Licht des neuen Tages, im Vogellied am Morgen (vgl. 1. Mose 1,20ff) wird der besungen, dem sich alles verdankt. Ein dreifacher Dank gebührt ihm: für die Lieder, für den Morgen und für das Schöpfungswort, ohne das es dies alles nicht gäbe (1. Mose 1,3 u. ö.; Joh 1,1). „Es zeichnet die dichterische Qualität dieser Strophe aus, wie sie die Beschreibungen der ersten beiden Zeilen im doppelten Dank der dritten wieder aufgreift, um sie in der vierten auf den (noch unbenannten, aber doch bekannten) Schöpfer zu beziehen. Dass bei aller kreatürlichen Freude die Macht des schöpferischen Gotteswortes betont wird, gibt dem Text einen deutlichen theologischen Akzent".[6] Das Motiv der Amsel ist zu betonen: Der einst scheue Vogel ist inzwischen längst zum haus- und menschennahen ersten Sänger am

„Leanabh an àigh/Christ in the manger" auf die Melodie, vgl. Raymond F. Glover, The Hymnial 1982 Companion, New York 1995, 14.

[2] 1947 als Stephen Demetri Georgiou geboren, seit seiner Konversion zum Islam nennt er sich Yusuf Islam. Seine Version war seither Grundlage zahlreicher weiterer musikalischer Adaptionen, z. B. von Daliah Lavi, Esther Ofarim, Nana Mouskouri, Neil Diamond, Garfunkel, Andreas Vollenweider oder Anni-Frid Lyngstad.

[3] U. a. von Jörg Swoboda in: Gottes Fest. Lieder junger Christen, Berlin 1983 oder Rudolf Kassühlke in: Fontäne in Blau, Stuttgart 1993. Jürgen Henkys übertrug 1987 das Lied eigens für das EG.

[4] Vgl. Jürgen Henkys, Gott loben mit einem Munde? Zur Nachdichtung fremdsprachlicher Kirchenlieder, in: ders.: Singender und gesungener Glaube. Hymnologische Beiträge in neuer Folge, Göttingen 1999, 103.

[5] Zitiert nach Gerlinde Keppler, „Und Mirjam sang vor ihnen her". Frauen im Evangelischen Gesangbuch, Tübingen 2001, 30.

[6] Egerer.

Morgen geworden. Hatte die mittelalterliche Ikonographie ihn als symbolischen Verweis auf Teufel, Dunkelheit, Versuchung und Sünde aufgefasst, darf man ihn in der Tradition frühchristlicher Mosaiken, auf denen die Vögel in Rankenmustern gerade das Paradies andeuten, als Sinnbild für das ungestörte Erwachen der Natur sehen.[7]

Die zweite Strophe entfaltet die Szenerie des neuen Morgens weiter: *Sweet the rain's new fall, sunlight from heaven,/ like the first dewfall on the first grass./ Praise for the sweetness of the wet garden,/ sprung in completeness where his feet pass.* Henkys verknüpft in sinnlicher Sensibilität Wahrnehmungen (*sonnendurchleuchtete Tropfen, taufeuchtes Gras*) wieder mit dem Anfang der Schöpfung (vgl. 1. Mose 2,6). Die Formulierungen *grünende Frische* und *vollkommnes Blau* versuchen, die besondere Atmosphäre der morgendlichen Szene einzufangen. Im Unterschied zur englischen Vorlage, die mit den Worten *heaven* und *his feet pass* eher andeuten, führt Henkys Gott hier zum ersten Mal ein (*Gottes Spuren*). Wie bei der Vorlage ist damit die indirekte Präsenz Gottes angedeutet, der nur „von hinten her“ zu erkennen ist. Es zeichnet die einfühlsame Übertragung aus, dass aus *where his feet pass* in der englischen Vorlage über die Zwischenstufe *Schritte* schließlich die Formulierung *Spuren Gottes* wurde.[8] Wieder dienen alle Bilder dazu, den Dank zu begründen und zu illustrieren.

Die dritte Strophe ist zugleich Zusammenfassung und Ziel: *Mine is the sunlight, mine is the morning,/ born of the one light Eden saw play./ Praise with elation, praise ev'ry morning – / God's recreation of the new day.* In der Aneignung (doppeltes *mein, mir*) und durch den wiederholten und intensivierten Dank (*überschwänglich*) an Gott wird aus Beobachtung und Lob persönliches Bekenntnis. Ausdrücklich wird an das Paradies erinnert (*aus Eden*, vgl. 1. Mose 2,15), explizit Gott als Empfänger des Morgenlobs benannt. Das Staunen steigert sich in jubelnde Dankbarkeit für das, was sich Tag für Tag vollzieht: „Das Licht der ersten Schöpfung spiegelt sich in jedem neuen Morgen, Schöpfung ist nicht abgeschlossen, sondern ein fortwährender, sich immer wieder erneuernder Prozess (vgl. *ev'ry morning, God's recreation*)“[9].

Das Lied ist ein thematischer und ökumenischer Gewinn, bringt es doch in das Repertoire an Morgenliedern einen neuen Ton und steht für die im keltisch-gälischen Kulturraum so charakteristische Wertschätzung der Schöpfung und des Kreatürlichen (vgl. die Popularität der sog. „irischen Segensprüche“).

In reinem strahlendem C-Dur entfaltet sich das Lied in acht Takten. Die rhythmische Struktur bleibt durchgehend gleich: Drei auftaktige Viertel, die auf zwei punktierte Halbe zulaufen. Das ergibt das ungewöhnliche Metrum 9/4. Gleich zu Beginn geht der Melodieumfang über den C-Dur- Akkord (vgl. auch T. 3.5 absteigend) hinaus auf den Ton *d"*, den höchsten Ton der Melodie. Der fanfarenhafte Beginn unterstreicht den preisenden Charakter des Liedes.

[7] Hannelore Sachs (u. a.), Erklärendes Wörterbuch zur christlichen Kunst, Hanau o.J., 364.

[8] Vgl. das Lied von Michel Scouarnec/Diethard Zils *Wir haben Gottes Spuren festgestellt* oder den populären Text von Margaret Fishback-Powers aus dem Jahr 1964 „Spuren im Sand“.

[9] Egerer.

Der Wechsel von Auf- und Abwärtsbewegung gibt der insgesamt ruhigen Melodie Weite und Schwung. Die Volksliedmelodie verbindet sich meisterlich mit dem Text, der nur äußerlich schlicht wirkt, sich aber in seinen feinen Bezügen und einprägsamen Bildern als sehr kunstvoll gestaltet erweist.

Populäres im Gesangbuch: Dieses Lied belegt einmal mehr, dass gute Texte dank volkstümlicher Melodien nur gewinnen – und vor allem gesungen werden.

Ernst-Dietrich Egerer

456 Vom Aufgang der Sonne

EG 456ö RG 69ö+ KG 676ö+ CG 800ö+

Text

Vorlage Psalm 113,3 **Quelle** s. u. **Strophenbau** biblische Prosa **Verbindung TM** wie EG

Melodie

Incipit 1_ 1__3_5 8__8__ **Verfasser** Paul Ernst Ruppel **Entstehung** 1938; in der religionspädagogischen Arbeit mit Kindern der ev.-freikirchlichen Gemeinde zu Einbeck **Quelle** *Klingende Kette. Neunzig neue geistliche Kanons* (hg. Johannes Petzold), Leipzig 1949 **Besonderes** Kanon à 4 **Ambitus** G: 8; Z: 8836 **Verbindung MT** wie EG

Literatur

HEG II, 266–268 * WEG III,13; IV,112; VI,18 * ThustB, 383 * SCHNEIDER/VICKTOR **1993**, 60f * MEYER [2]**1997**, 231f.233–235 * BETZ, Susanne/HILT, Hans/LEUBE, Bernhard (Hg.): Unsere Kernlieder. Werkbuch zur Arbeit mit Kindern, Jugendlichen und Erwachsenen, München **2011**, 166–169

Dieser Kanon gehört zu den bekanntesten geistlichen Kanons, die wir haben. Paul Ernst Ruppel (1913–2006), der später, im Dienste des christlichen Sängerbundes, einer der bedeutendsten evangelischen Singemeister seiner Zeit wurde, hat ihn 1938 geschaffen. Die kleine Komposition verbreitete sich rasch in der kirchlichen Jugendarbeit, in der Bekennenden Kirche, auf Singwochen und Singtagen, in der Kindergottesdienstarbeit und in Gemeindekreisen.

Man singt Kanons oft eher unbedenklich und munter vor sich hin und ist nach einiger Zeit damit beschäftigt, auf die den Schluss anzeigende Hand des Singleiters zu achten. Es ist dann eher selten, dass sich solches Tun mit einer geistlichen Erfahrung verbindet. Und doch will dieser Kanon die Singenden gerade dafür öffnen. Eingängig ist dieses kleine Stück – und doch kein „Ohrwurm"; schnell kann man das ein- oder zweimal Gehörte nachsingen – und doch ist es nicht banal. Das hängt wohl damit zusammen, dass hier Wort und Ton eine selten geglückte Einheit bilden: Beide sprechen für sich und hören zugleich aufeinander; beide sind „ansprechend" und doch auch „anspruchsvoll" – denn hier hat ein Komponist aufmerksam auf den Text gehört und seinen Anspruch erfasst.

Die Melodie zeichnet die Botschaft der Worte nach: durch den *Aufgang*, der im Dreiklang vom Grundton nach oben bis zur Oberoktav führt, durch den *Niedergang*, der die Rückkehr zum Grundton hörbar macht. Dann aber wird die dritte Textzeile wiederholt: Der Komponist nimmt sich die Freiheit, jenen Impuls, der überhaupt erst zum Singen des Kanons führt, zweimal hörbar zu machen: *sei gelobet der Name des Herrn.* Das geschieht sequenzierend, aus dem unteren Klangraum in den mittleren führend, und beim zweiten Mal findet sich das einzige Melisma des ganzen kleinen Stücks auf dem Wort *Name*.

Der Text stammt aus Psalm 113,3. Er ruft zum Lob des *Namens* auf, zum Lob dessen, der „Ich-bin-da" heißt. Der zweimal erklingende Name bestimmt das Zentrum des Tonraums zwischen oben und unten, zwischen Höhe und Tiefe. Er soll die Zeit zwischen Aufgang und Untergang, zwischen Helligkeit und Dunkel bestimmen. Er soll die ganze Zeit der Singenden bestimmen.

Das ist leicht gesagt, aber nicht leicht gelebt.

Psalm 113 gehört zu den Hallel-Psalmen, die in Israel die Passahnacht prägen. Jesus hat ihn mit seinen Jüngern gesungen, bevor er hinaus an den Ölberg ging. Wer heute diesen kleinen Kanon aufmerksam singt, hört im vierstimmigen Schlussklang gleichzeitig die Worte *Sonne*, *Niedergang* – und, in der Mitte zwischen beiden, zweistimmig das Wort *Herrn*, das in der Lutherübersetzung den Gottesnamen „Ich-bin-da" wiedergibt.

CHRISTA REICH

512 Herr, die Erde ist gesegnet

EG 512 (RG 543)

Text

Verfasser Christian Rudolf Heinrich Puchta **Vorlagen** Str. 2: Ps 145,15f; Str. 3: 1. Mose 8,22 **Quelle** *Morgen- und Abendandacht am christlichen Hausaltar in Gesängen*, Erlangen 1843 **Überschrift** *Erndtefest.* **Ausgabe** Albert Knapp, Evangelischer Liederschatz, Stuttgart/Tübingen [2]1850 **Strophenbau** 8/4a- 7/4b, 8/4a- 7/4b, 8/4c- 7/4d 8/4c- 7/4d vgl. Frank 8.26 **Abweichung** RG: 3,4: *deiner* Huld **Verbindung TM** in der Q ohne M * *Herz und Herz vereint zusammen* (RG 543 und Alternativvorschlag des EG: EG 251) * *O du Liebe meiner Liebe* (Melodieangabe o. N. bei Knapp – s. o. unter Ausgabe; Z IV,6693–6704)

Melodie

s. *O Durchbrecher aller Bande* (EG 388)

Literatur

HEG II, 245f * ThustB, 419 * NELLE [3]**1924**, 262 * Schlunk **1951**, 146 * BRUPPACHER **1953**,109f * FALKENROTH, Christoph: Entfaltete Liturgie, WEG V, Göttingen **1998**, 81–85, bes. 83–85 * HÖFT, Gerd: Herr, die Erde ist gesegnet. In: Ders. / Susanne Schart (Hg.): Nun danket alle Gott. Zehn bewegende Choräle – Zehn berührende Impulse, Neukirchen-Vluyn **2010**, 78–82

Dieses Lied aus der Mitte des 19. Jh. ist erfüllt von überschwänglicher Dankbarkeit für die Fülle des Segens, die Gott den Menschen mit den Gaben der Natur – und darin exemplarisch mit seinem Handeln an ihnen überhaupt – zuteil werden lässt, sowie von einem optimistischen Urvertrauen in Gottes den Menschen zugewendete ‚überfließende' (vgl. 4,2) Wohltätigkeit (vgl. 1,2). Leibhafte Not scheint es für diese Lebens- und Glaubenserfahrung nicht zu geben, wohl aber ist dem dankbaren *Gemüte* (5,2) bewusst, dass Gottes Segnungen nicht in eigenem Verdienst (5,1–2) gründen, sondern *Geschenk* (1,4) und *Gnade* (5,5, vgl. 4,1) sind und das Herz bußfertig stimmen sollen. Durchgehend wird Gott angesprochen, jedoch zeigen die meist indikativischen Formulierungen an, dass es sich aufs Ganze gesehen nicht um ein Bitt-, sondern um ein Dank- und Vertrauenslied handelt,[1] das gleichwohl in Bitten mündet (Str. 5 und 6), die aus dem Dank folgen. Bruppacher sieht in dem Lied zwar „kein Meisterwerk von starkem, ursprünglichem Empfinden", aber

[1] Nelle, 262 findet darin ein Zeugnis für die „Vorliebe des 19. Jahrhunderts für betrachtende Lieder"; sein Votum, „festlich" sei es „gar nicht" und müsse deshalb im Erntedankgottesdienst zumindest „durch Loblieder reichlich ergänzt" werden, wird dem Lied nicht gerecht.

dessen „schlichter Realismus" in „einfachen, klaren Gedanken" spreche vor allem „die einfachen Menschen an".[2]

Das Lied des fränkischen Theologen und Dichters Heinrich Puchta (1808–1858) gibt in fast jeder Strophe seinen engen Bezug auf das „Erntefest" (so die Überschrift in der Quelle) zu erkennen. Folglich ist schon im Eingangsvers die *Erde* nicht in einem universalen Sinn, sondern ganz konkret als Erdboden und bestelltes Land zu verstehen, weiter ausgemalt als Landschaft aus *Hügeln* und *Gründen* (= Tälern), auf die Gott seinen *Segen ausgestreut* hat (1,5–6); auch dass *unser Warten* [...] *gekrönet* sei, ist mit Blick auf die bereits eingebrachte Ernte formuliert, mit der Gott das Herz der festtäglich Versammelten *erfreut* (1,7–8).

Strophe 2 verankert die empfundene Dankbarkeit und Freude biblisch, indem sie Worte des Psalmisten aufgreift und ausschmückend paraphrasiert (vgl. Ps 145,15–16). Die folgende Strophe geht noch einen Schritt weiter in dieser Richtung, sie erinnert daran, dass Gottes Segen, der sich in den gegenwärtig geernteten Gütern offenbart, auch eine heilsgeschichtliche Dimension schon von *Noahs Zeit* (3,2) her hat:[3] Die Verse 3,5–8 gestalten nahezu wörtlich Gottes Verheißung aus 1. Mose 8,22; die Verse 3,3–4 lassen sich als komprimierte Auslegung von 1. Mose 8,21 lesen. Nimmt man die Verse 6,3–4 hinzu, die fast wörtlich 1. Timotheus 4,4–5 übernehmen, so zeigt sich in allen diesen Bezugnahmen auch Puchtas dichterische Kunstfertigkeit, biblische Formulierungen in wohlklingende Reime zu fügen.[4]

Strophe 4, wieder der Gegenwart des Liedes zugewandt, blickt zurück auf die Zeit des *Warten[s]* (1,7), während der ‚im Überfluss' (vgl. 4,2) heranreifte, was dann zu ernten war: Beispielhaft werden (in einer von ferne an Paul Gerhardts „Sommerlied" EG 503 erinnernden Konkretion) *Gras und Kräuter, Frucht und Korn* (4,3f) genannt. Der zweite Strophenteil bedenkt, dass der empfangene Erntesegen auch der Bewahrung vor *Schaden, Unfall und Gefahr* (4,6) durch Gott in jener Zeit zu verdanken ist.

Mit Strophe 5 ändert sich der Gestus des Liedes, den Preisungen von Gottes Güte und Treue folgt die Einsicht, dass die derart Gesegneten dies nicht verdient haben (5,1–2) – einer der Hauptsätze reformatorischen Glaubens (vgl. Luthers Erklärung zum 1. Artikel im Kleinen Katechismus, EG 806.2) wird damit aufgegriffen und doch zugleich okkasionell, d. h. auf den Erntedank-Anlass hin verengt, indem der ursprünglich existenziell verstandene Tatbestand hier ledig-

[2] Bruppacher, 109f.

[3] Vier der fünf Regionalanhänge des EKG mit Puchtas Lied (vgl. Dieter Frahm: Synopse zum Evangelischen Gesangbuch, Kiel 1996, 39): Baden Nr. 515, Niedersachsen Nr. 471, Bayern Nr. 532 und Pfalz Nr. 489 hatten diese Dimension eliminiert, indem sie Str. 3 weglassen; nicht so EKG Rheinland-Westfalen-Lippe Nr. 552, auch nicht EKG Österreich 1960, Nr. 528 und RKG 1952, Nr. 98.

[4] Weitere spezifische (d. h. vom Autor beabsichtigte) biblische Bezüge bietet das Lied nicht; die von Schlunk, 146 darüber hinaus angeführten Schriftstellen (Ps 65,10.12 zu Str. 1, Ps 65,12 zu Str. 4, 1. Sam 12,20–22 zu Str. 5, Eph 5,20 zu Str. 6) erscheinen demgegenüber eklektisch oder vordergründig assoziativ gewählt.

lich auf jene unverdient empfangenen Wohltaten Gottes an Leib und Seele gemünzt ist, von denen die vorigen Strophen handelten. Eine ähnliche Reduktion erfährt der Sündenbegriff; hier geht es nicht um das wesenhafte Sündersein des Menschen im Sinne Paulus' und Luthers, sondern – der Plural *Sünden* (5,4) signalisiert es – um vielfältige moralische Verfehlungen, die den Verstand (*Wissen*) und das *Gemüt* belasten (5,3–4). Freilich nicht als selbsttätige Wirkung solcher Selbsterkenntnis, sondern als von Gott zu erbittende *Gnade* wird die *Seele* ge*rührt*, ergriffen, und das *Herz zur Buße* ge*führt* (5,5–8). In alledem lassen sich Nachklänge von Eigenheiten des Gesangbuchliedes der Aufklärungszeit erkennen.

Worin das bußfertige Verhalten besteht, führt Strophe 6 aus: Das von Gott gewährte *Gut der Erden* soll *treu verwalte(t)* werden (6,1–2) – als Bitte an Gott formuliert implizieren diese Verse, dass solche „irdische Haushalterschaft"[5] (heute wie schon zu Puchtas Zeit) keineswegs *immerfort* geschieht und auch nicht nur Selbstzweck ist. Vielmehr soll sie *geheiligt werden durch Gebet und Gottes Wort* (6,3–4, vgl. 1. Tim 4,4–5). Unter dieser Voraussetzung nämlich be*wirken* die Beschenkten mit dem Empfangenen selbst wieder *Gutes* im Geiste des gütigen Gottes (6,5–8); das verdeutlicht die Fruchtbarkeitsmetapher vom *Schoß* Gottes, in den *Alles, was wir Gutes wirken,* [...] *gesät* sei (6,5–6): Alles das trägt durch Gottes Wirken wieder und wieder Frucht, auch für künftiges Handeln und Ernten, wie der unversehens im Futur formulierte Schluss deutlich macht (6,7–8). Ob darin eine eschatologische Dimension zu sehen ist,[6] erscheint fraglich (wenn auch nicht völlig ausgeschlossen), sie wäre zu vage und läge auch dem Grundtenor des Liedes fern. Zwar begegnet „Ernte" im NT mehrfach als eschatologischer Topos, aber die Intentionen der einschlägigen Schriftstellen (z. B. Lk 10,2, Joh 4,35f, Offb 14,15ff) klingen bei Puchta auch nicht andeutungsweise an.

Dass Puchtas Lieder „größtenteils eher für den häuslichen Kreis als für den allgemeinen kirchlichen Gebrauch geeignet schienen",[7] muss für sein Erntedankfestlied nicht gelten – schon die durchgängige pluralische Redeweise belegt den gemeindeförmigen Charakter des Liedes anstelle gleichsam privat-persönlicher Glaubensäußerung. Wohl aber hat dieses Lied typische Kennzeichen des „geistlichen Volkslieds" gemäß dem bedenkenswerten Plädoyer Andreas Martis, diesem Liedtypus nicht in „negativ qualifizierender" Weise gottesdienstliche Eignung abzusprechen, sondern in solchen Liedern (bei kritischer Qualitätsprüfung im Einzelfall) „für viele Menschen [...] eine Möglichkeit" zu sehen, „ein Stück ihrer Lebensauffassung und Religiosität zum Ausdruck zu bringen".[8] Auch für Puchtas Lied lässt sich als Charakteristikum dieses Genres (von Marti für andere Lieder erläutert) „ein relativ offenes, auf Schöpfung und Fürsorge ge-

[5] Bruppacher, 110.

[6] Vgl. Bruppacher, 110, der in Str. 6 einen „Blick in die kommende Welt" findet.

[7] Udo-R. Follert in HEG II, 246.

[8] Andreas Marti: Christliche Identität und religiöser Ausdruck im „geistlichen Volkslied", JLH 47 (2008) 193–200, hier 193.198.

richtetes Gottesbild ohne christologische Anteile" feststellen. Sei darin der „Kern [der] Botschaft Jesu von der ‚voraussetzungslosen Liebe Gottes'" gewahrt, könnten „geistliche Volkslieder" ohne den „Ballast" christologischer und trinitarischer Lehrinhalte sogar „unter Umständen eine hilfreiche Funktion" für die religiöse Identifikation haben.[9] Dass dadurch dogmatische Kernstücke sozusagen schleichend ganz aus dem Blick geraten könnten, ist schon deshalb nicht zu befürchten, weil in jedem Gottesdienst die Liederauswahl entsprechend umsichtig zu gestalten ist. Insofern ist auch Puchtas Erntedankfestlied im gottesdienstlichen Gebrauch vollwertig verwendbar.

Falkenroth legt an Puchtas Lied beispielhaft – also offenbar nicht nur auf den *Ernte*dank-Anlass bezogen – dar, wie im Wechsel von stillem Lesen jeder Strophe, begleitenden Bibel- und anderen Texten und gemeinsamem Singen der jeweiligen Strophe eine „liturgische Station" ausgestaltet werden kann,[10] bei der „die einzelnen am Gottesdienst Teilnehmenden mehr und anders als bisher das Gefühl haben, dass es sich um *Gottes Dienst* an ihnen persönlich handelt in einer festlichen Stunde, die sie selbst mitgestalten, mitverantworten und mitfeiern."[11]

Können und dürfen wir aber heutzutage noch aus vollem Herzen und mit gutem Gewissen davon singen, dass Gott *(s)eines Überflusses Horn* über uns „ausgießt" (4,1–2) – wo uns doch bewusst ist oder sein muss, dass der Überfluss, in dem wir in unseren Breitengraden zumeist leben, mit Armut und Hunger in vielen Weltteilen erkauft ist? Solche skeptischen Fragen knüpft auch Gerd Höft an Puchtas Lied, rückt aber die Fragestellung zurecht: Man wisse, dass „die Produktion aller Lebensmittel [...] völlig aus(reicht), um alle Menschen auf der Erde satt zu machen [vgl. 2,8]. Also doch. Gott hat die Erde gesegnet. Nur wir verteilen den Segen nicht, wie es sich gehören müsste", und wir selbst könnten die ersten Schritte zur Veränderung machen: verantwortungsvoller mit den Lebensmitteln umzugehen, „Ehrfurcht zu fühlen für den Rhythmus von Saat und Ernte und zu akzeptieren, dass nicht alles zu jeder Zeit verfügbar sein muss. Und faire Preise zu zahlen für die, die jenseits der großen Konzerne für uns Lebensmittel herstellen"[12] und so dazu beizutragen, *dass wir dies Gut der Erden / treu verwalten immerfort* (6,1–2). Nicht zuletzt macht Puchtas Lied auch heutzutage noch bewusst, dass Dankbarkeit und Demut anstelle gedankenlosen Konsums angebracht und die Erntegüter zuvörderst dem *Wohltun* (1,2) und der *Gnade* Gottes (5,5, vgl. 4,1) zu verdanken sind.

Reinhard Görisch

[9] Ebd., 198f.
[10] Falkenroth, 83–85.
[11] Ebd., 81.
[12] Höft, 81f.

529 Ich bin ein Gast auf Erden

EG 529(ö) RG 753

Text

Verfasser Paul Gerhardt **Vorlage** Ps 119,19a **Quelle** *PAULI GERHARDI Geistliche Andachten Bestehend in hundert und zwantzig Liedern* (Johann Georg Ebeling), Berlin 1666/1667 (DKL 1666[03-04]/1667[05]; Faks hg. v. Friedhelm Kemp, Bern 1975; Mikrofilm-Ausgabe: New Haven 1969) **Überschrift** *Auß dem 119. Psalm Davids. Melod. Herzlich thut mich verlangen Oder wie folget* [Noten] **Ausgabe** FT III, 475 **Strophenbau** A7/3a- A6/3b, A7/3a- A6/3b, A7/3c- A6/3d A7/3c- A6/3d vgl. Frank 8.7 ‚Hildebrandston' **Abweichungen** 1,5 ich *auß und abe;* 4,5 *Wie musste sich doch schmiegen;* 4,6 *Der Vater Abraham* 4,7 *Eh' als ihm sein Vergnügen;* 4,8 *Und rechte Wohnstadt kam* (EG 4,5–8 entspricht 6,5–8 der Q); nach 1: 5. *Wie manche schwere Bürde,* 6. *Die frommen, heilgen Seelen;* 7,8 *Nach dems;* 8,6 find ich *Lust;* 8,8 ist *Stanck und Wust* * RG: ohne Strophen 4, 5, 9 und 10; 9,6 *mit* meiner; 9,8 *deines Armes Kraft;* 11,1 Du *meines Herzens* **Verbindung TM** in der Q mit Ebelings eigener Melodie (Z III,5494) * mit der in der Überschrift genannten Melodie ist wohl die heute noch als *O Haupt voll Blut und Wunden* bekannte Melodie EG 85/Z III,5385a (Hassler 1601/Görlitz 1613; s. HEG III/10, 40) gemeint * weitere vor 1666 erschienene Melodien zu *Herzlich tut mich verlangen* sind Z III,5385b–5388; davon wurde Z III,5387 (Gotha 1648) bei Schicht 1819 verändert zu Z III,5361 zu *Ich bin ein Gast auf Erden* gesungen * rhythmisch vereinfachte Fassung in RG 753

Melodie

s. *O Haupt voll Blut und Wunden* (EG 85)

Literatur

HEKG (Nr. 326) I/2, 481–483; III/2,375–378; Sb 510f; HEG II,97f.110–112 * ThustB, 434f * BRUPPACHER **1953**, 407f * RÖDDING, Gerhard: Paul Gerhardt, Gütersloh ²**1984**, 97f * AXMACHER, Elke: Paul Gerhardt: Ich bin ein Gast auf Erden, MuK 62 (**1992**) 310–320 * NORDEN, Hans-Joachim: „Ich bin ein Gast auf Erden", in: Koerrenz, Ralph / Remy, Jochen (Hg.): Mit Liedern predigen, Rheinbach-Merzbach 1994, 149–154 * AXMACHER, Elke: Ein Lied gegen den Tod. Ich bin ein Gast auf Erden, in: Dies.: Johann Arndt und Paul Gerhardt, Tübingen/Basel **2001**, 165–181 * HENKYS, Jürgen: Schwing dich auf zu deinem Gott, in: Susanne Weichenhahn u. Ellen Ueberschär (Hg.): LebensArt und SterbensKunst bei Paul Gerhardt, Berlin **2003**, 71–84 (bes. 76–79) * JORDAHN, Ottfried: Sterbe- und Begräbnislieder, in: Hansjakob Becker (u. a. Hg.): Liturgie im Angesicht des Todes, Tübingen, Basel **2004**, 237–279, bes. 273–276 * BUNNERS **2006**, bes. 111f.235 * DEICHGRÄBER, Reinhard: Nichts nimmt mir meinen Mut. Paul Gerhardt als Meister christlicher Lebenskunst, Göttingen **2006**, 140–144 * MUNTANJOHL, Felizitas: Ich bin ein Gast auf Erden. Trostbriefe an eine 84-jährige Frau, in: Dies./ Michael Heymel: Auf, auf mein Herz, mit Freuden. Gottesdienste, Gemeindearbeit und Seelsorge mit Liedern von Paul Gerhardt, Gütersloh

2006, 238–244 * BUNNERS, Christian: Mit Paul Gerhardts Liedern predigen. Möglichkeiten, Probleme, Modelle, Beispiele, in: Böttler, Winfried (Hg.): Paul Gerhardt in Kirche, Kultur und Lebensalltag. Beispiele für die Praxis, Berlin **2007**, 93–112 (bes. 107–109) * FINKE, Christian: Paul Gerhardt vertont. Eine unvollständige Übersicht über mehrstimmige Fassungen und Kanons seiner Lieder, in: Böttler, Winfried (Hg.): Paul Gerhardt in Kirche, Kultur und Lebensalltag. Beispiele für die Praxis, Berlin **2007**, 157–171 (bes. 164) * JUSCHKA, Michael: „Ich bin ein Gast auf Erden". Didaktische und unterrichtspraktische Überlegungen einer Liedbearbeitung mit 12- bis 14-jährigen, in: Böttler, Winfried (Hg.): Paul Gerhardt in Kirche, Kultur und Lebensalltag. Beispiele für die Praxis, Berlin **2007**, 63–80 * LIEBIG, Elke: Johann Georg Ebeling und Paul Gerhardt: Liedkomposition im Konfessionskonflikt. Die „Geistlichen Andachten" Berlin 1666/67, Frankfurt **2008**, 348f (Ed.)

Das Lied *Ich bin ein Gast auf Erden* beschreibt die menschliche Existenz als einen von Leiden bestimmten Transitus durch die Welt hin zum ewigen Leben als dem eigentlichen Ziel des irdischen. Diese zentrale Aussage, die das Lied in die Reihe der Sterbe(trost-)lieder rückt, findet ihre adäquate poetische Gestaltung in einer biblisch inspirierten Metaphernsprache, zumeist aus dem Bildbereich des Wanderns und Ankommens, des Bleibens und Vergehens.[1] Wie die Bereiche der Welt und des Himmels durch fundamentale Gegensätzlichkeit bestimmt sind, so müssen es auch die sprachlichen Mittel sein, die sie beschreiben sollen. Das geschieht in mehreren Strophen durch antithetische Gedanken, Wort- und Metaphernpaare wie z. B. in den Strophen 6–10 (orig. 8–12)[2]. Alle diese Gegensätze lassen sich zurückführen auf den Grundgegensatz, der in der ersten Strophe programmatisch formuliert wird. Zweimal wird darin die Entgegensetzung von *Erde* und *Himmel* (Z. 1–4), von *hier* und *dort* (Z. 5–8) durchgeführt; einmal so, dass das Gast-Sein des Menschen auf Erden mit seiner Zugehörigkeit zum Himmel konfrontiert wird, dann so, dass sein Tun, das

[1] Die wichtigsten biblischen Bezugstexte sind: Ps 119,19: *Ich bin ein Gast auf Erden.* – 1. Chronik 29,15 *Denn wir sind Fremdlinge und Gäste vor dir, wie unsere Väter alle. Unser Leben auf Erden ist wie ein Schatten, und ist kein Aufhalten.* – Hebr 13,14: *Denn wir haben hier keine bleibende Stadt, sondern die zukünftige suchen wir.* In dem folgenden Abschnitt aus einer Predigt Johann Arndts sind mehrere „klassische" Dicta bereits zu einem erbaulichen Text zusammengefügt. Er ist dem Lied so verwandt, dass man vermuten kann, Gerhardt habe ihn für sein Lied benutzt. Das besagt: Die Gedanken, die Gerhardt hier aufgreift, sind biblisch fundiertes Gemeingut der Zeit. Sein Werk ist die poetische Gestaltung, die dann freilich auch theologische Besonderheiten erkennen lässt.
„Der vierdte Grund unser seligen Hoffnung ist das ewige himmlische Vatterland. Wir sind ja hie nicht daheimen. Herr, ich bin beyde dein Pilgram und dein Bürger, wie alle meine Väter. Wo sind unsere Vätter? Bedenck wo ist dein Vater, der dich gezeuget, deine Mutter, die dich geboren hat? Was ist ihr Leben geweßt? Ists nicht eine Pilgrimschafft und Wallfahrt gewesen, ein Transitus, ein Durchgang. Die Zeit meiner Wallfahrt ist hundert und dreiyssig Jahr, wenig und böse ist die Zeit meines Lebens, Gen. 47/9. Darum sagt S. Paulus 2. Cor. 5/6, Wir wissen, daß weil wir im Leibe wohnen, sind wir nicht daheim bei dem Herrn, wir sind aber getrost, und haben vielmehr Lust außer dem Leibe zu wallen, und daheim zu sein bei dem Herrn. Wir sehnen uns nach der Behausung, die vom Himmel ist. Phil. 3/20. Unser Bürgerschafft ist im Himmel." (Johann Arndt, Postilla: Am Tage des hl. Bischoffs Nicolai, 2. Stück, Frankfurt/M. 1693, 1250).

[2] Das Lied wird hier in der Originalgestalt mit 14 Strophen kommentiert (s. dazu Anm. 4). Die Strophenzahlen werden im Text in der Reihenfolge EG/Original angegeben.

ziellose Reisen, der Ruhe des Jenseits entgegengesetzt wird. Dieser Gegensatz liegt zugleich dem Aufbau des Liedes zugrunde: In zwei je siebenstrophigen Teilen wird zunächst das Gastsein ohne festen Stand auf der Erde thematisiert (Str. 1–7), dann das rastlose Wandern zum Himmel, zur ewigen Ruhe (Str. 8–14). Die Eingangsstrophen der beiden Teile bilden die Exposition, sie formulieren das Thema, das die weiteren Strophen durchführen.

Der erste Liedteil, der die Strophen 1–5/7[3] umfasst, hat die Aufgabe, die Behauptung der themagebenden Eingangsstrophe, den Satz *Ich bin ein Gast auf Erden und hab hier keinen Stand* zu begründen und als glaubwürdig zu erweisen. Das erfordert die Anwendung rhetorischer Regeln und Verfahrensweisen, und Gerhardt gelingt hier ein weiteres Mal ein Musterbeispiel rhetorischer Liedgestaltung.

In zwei Argumentationsgängen erbringen die Strophen 2–6 den Nachweis, dass das Leben in der Welt ein Leidensweg ist, den zu erkennen und anzunehmen die Voraussetzung für den Eingang in die himmlische Freude ist.

Str. 2 und 3 begründen die Allgemeinheit des Leidens durch den Hinweis auf die Erfahrungen des Ich zu allen Zeiten (Str. 2: *von meiner Jugend an*; *solang*; *manchen Morgen*, *manche* [...] *Nacht*) und von Nöten jeder Art (Str. 3: erschreckende Naturvorkommnisse und menschliche Bosheit). Aber diese in geläufige rhetorische Topoi gekleideten subjektiven Argumente genügen noch nicht zur Beglaubigung der Behauptungen. Dazu bedarf es einer weiteren, unbezweifelbaren Autorität. Die findet Gerhardt, indem er die in den biblischen Belegstellen erwähnten „Väter“ (s. o. Anm. 3) auf die Erzväter Israels bezieht und an ihrem Leben aufzeigt, dass die *frommen, heil'gen Seelen* Abraham, Isaak und Jakob auch Gäste auf Erden und nie ohne Leiden waren. Wenn von ihnen gesagt werden muss: *Sie zogen hin und wieder* (wie der Sprecher *aus und abe* reist) und *ihr Kreuz war immer groß,/ bis dass der Tod sie nieder/ legt in des Grabes Schoß*, dann ist nicht nur der Leidcharakter des Lebens erwiesen, sondern die Bereitschaft des Ich gewonnen, sich zu *ergeben / in gleiches Glück*[4] *und Leid*. Die Lehre aus dem Leben der Väter ist so überzeugend, dass sie den Beweisgang abschließt (4/6) und das Ich sich die daraus gewonnene, ganz allgemein formulierte Lebensmaxime zu eigen macht (5/7).[5]

[3] Im EG sind die Strophen 4,5 bis 6,4 mit der Nennung der Erzväter Abraham, Isaak und Jakob und ihrer je spezifischen Leiden gestrichen. Der neue Anschluss von 6,5 an 4,4 ist zwar für das wörtliche Textverständnis geschickt gewählt, die Streichung zerstört aber den Sinn des zweifachen Beweisganges in den Strophen 2–3 und 4–6. Da das Lied hier mit sämtlichen Strophen kommentiert wird, werden die im EG ausgelassenen Strophen(teile) unten zitiert.

[4] *Glück* muss hier wohl in der alten weiteren Bedeutung von „Geschick“ verstanden werden.

[5] Es ist deutlich, dass die „Väterstrophen“ in diesem Beweisgang eine wichtige Rolle spielen: Der Beweis durch die eigene Erfahrung – in der Neuzeit eher glaubwürdig als die Berichte von anderen, seien es auch die Glaubensväter – ist hier nicht ausreichend, um den Charakter des Lebens glaubwürdig zu bestimmen. Die Steigerung durch die biblische Autorität ist nötig. Mit ihr hat der erste Liedteil folgenden Aufbau: Behauptung und zweifache Ausführung der These (1); Beglaubigung durch persönliche Erfahrung (2 und 3); Überbietung der vorigen Beglaubigung durch das Schicksal der Erzväter Abraham, Isaak und Jakob (4 und 5/ab 4,5 gestrichen bis 6,4); Zusammenfassung der Väterschicksale (4/6); Fazit (5/7).

Es muß ja durchgedrungen,/
Es muß gelitten sein;
Wer nicht hat wohl gerungen/
Geht nicht zur Freud hinein. (5/7)

Der Himmel soll mir werden,/ da ist mein Vaterland steht als Gedanke über dem zweiten Liedteil von Str. 6/8 an. Was werden soll, ist noch nicht da, es muss errungen werden. So ist es verständlich, dass die Rede vom Sein als Gast auf Erden in der Einleitungsstrophe des zweiten Liedteils abgewandelt wird zu Aussagen über das Tun des Ich. Nicht mehr, was ich hier bin, ist jetzt gefragt, sondern was ich hier tue: nämlich aufbrechen, abreisen, mein Leben durch die Welt treiben. Die Sprache gerät in Bewegung, die Verben signalisieren Aktivität, anstatt einen Zustand zu beschreiben, dreimal drängt das Gesagte über das Zeilenende hinaus und beschleunigt so das Tempo der Rede. Den Wandernden darf niemand aufhalten.

Die Existenz unter dem Vorzeichen der Wanderung in die Ewigkeit und der Aufnahme in das *Haus der ew'gen Wonne*, wie sie in den Strophen 6–12/8–14 thematisiert wird, radikalisiert die Abwendung von der Welt; das Leiden an ihr wird schärfer[6] und lässt die Klage nur noch im herzbewegenden Gebet Ausdruck finden: *Ach, komm, mein Gott, und löse / mein Herz, wenn dein Herz will* (9/11,3f)[7]. Im Vertrauen auf diese Verschränkung der Herzen wird der Tod ausdrücklich erbeten als *ein seligs Ende / an meiner Wanderschaft* (9/11,5f).

So das Ende bedenkend, überblickt das Ich (Str. 10/12) das Leben und fasst seine Stadien in einfachen, ganz gleich gebauten Sätzen zusammen, zieht gleichsam ein nüchternes Résumé der Grundgegebenheiten seines Lebens. Es sammelt sich, um sich ganz zu verlassen. Mit dem realistischen und harten Satz *und wenn ich ausgehauchet,/ so scharrt man mich ins Grab* (10/12,7f) gibt das Ich alles auf, was sein eigen war. Es ist dies die persönliche Form der Einverständniserklärung mit der allgemeinen Lebensregel am Ende des ersten Liedteils (5/7,5–8) *Wer nicht hat wohl gerungen,/ geht nicht zur Freud hinein.* Darum aber ist es einem christlichen Sterbe(trost-)lied doch zu tun: auf den Tod zuzugehen in der Erwartung, dass nicht nur das Elend der Welt endet, sondern dass die Freude des göttlichen Lebens den Menschen umfängt. Und es ist auch die Intention dieses Liedes. Um das zu erkennen, sind die beiden bisher nicht berücksichtigten Strophen 7/9 und 11/13 heranzuziehen. Ihre Gemeinsamkeit und ihre Verschiedenheit von allen anderen Strophen sind thematischer und sprachlicher Art. Beide Strophen sprechen von Gott in je einem Satz, der die ganze Welt in Gottes Fürsorge (7/9) bzw. mich und alle glaubenden Menschen in sein Heilsleben hineinzieht (11/13) und nicht endet, bevor nicht die Gedankenbewegung mit dem Strophenende ans Ziel gelangt ist. In Str. 7/9 geht diese

[6] Darum muss der Ausdruck in 8/10,8 ernst genommen und darf nicht abgeschwächt werden.

[7] Die Loslösung wird sinnfällig im Übergehen der Versgrenze. Der Intensivierung dient auch die Wiederholung der Bitte *komm* (Z. 5) und die Zusammenbindung des eigenen mit dem Herzen Gottes in einer figura etymologica.

Bewegung von der Besinnung des Menschen auf die Heimat *dort droben* aus, zu der er aufbricht. Diese Heimat, der Himmel, ist nun aber kein Bereich außerhalb der Welt, sondern der „Ort" des englischen Gotteslobs. Die Engel loben den Schöpfer, der die Welt durch seine machtvolle Fürsorge (providentia) erhält (conservat) und lenkt (gubernat), *nach dem's ihm wohl gefällt* (voluntas). Die Stichworte der lutherisch-orthodoxen Providenzlehre sind hier (wie sehr oft bei Gerhardt) so gebraucht, dass im syntaktischen und rhythmischen Vollzug beglaubigt wird, was die Worte sagen: dass nichts aus Gottes Bewahrung und Lenkung herausfallen kann, dass er machtvoll alles zusammenhält (Gott, Engel, Welt und Menschen unlösbar in einer Strophe verflochten); dass dieses providentielle Handeln Gottes an keine Grenze gebunden ist, sondern überwältigend, überströmend und unaufhaltsam in seiner Schöpfung wirkt (7/9) und – wie im Vorblick auf Str. 11/13 gesagt werden kann – die Toten in sein Leben zieht.

Welt und Mensch, wie sie in diesen Strophen erscheinen, stehen in einem eklatanten Widerspruch zu ihrer Sicht in den anderen Strophen. Und doch sind es dieselbe Welt, derselbe Mensch, die hier und dort so grundverschieden erscheinen. Himmelssehnsucht, wie sie das Ich hier zum Ausdruck bringt, ist nicht resignative Weltflucht, sondern das Verlangen, die Welt in der Perspektive derer, die Gott nahe sind, zu erfahren und in ihr Lob einzustimmen. In diesem Einstimmen gipfelt denn auch die Vorstellung von der Seligkeit des ewigen Lebens in der letzten Strophe: *Da will ich herrlich singen / von deinem großen Thun* (12/14,5f). Gerhardt lässt die beiden Erscheinungs- und Sichtweisen von Mensch und Welt unverbunden nebeneinander stehen: Wir können ihren Widerspruch in dieser Welt nicht auflösen.

Aber von Gott her wird der Widerspruch aufgehoben, wie die zweite „Gottesstrophe" verdeutlicht. Das Ich hat nach Tod und Verscharrtwerden kein eigenes Sein mehr. Aber das Du Gottes – zweimal am Zeilenanfang synkopisch stark betont (11/13,1.2) – ist auch für den Einzelnen der Schöpfer und Bewahrer, Regierer und Vollender. Die Providenz, die im irdischen Leben gegen den Anschein geglaubt werden muss, erweist sich dem Glauben als das wahre Leben, an dem Gott Anteil gibt. Lichtmetaphern für Gott, den Menschen und seine Mitmenschen stehen für die Vereinigung, die Gott stiftet, und sie spiegelt sich in der fließenden Syntax wider. Vom Lebenslicht, das Gott selbst ist, zur Sonne, als die das Ich *mit andern leuchten soll*, wird die Einheit Gottes mit dem Menschen und der Menschen untereinander in einem einzigen Satzgefüge in Str. 11/13 ausgesagt. Drückte die erste Gottesstrophe die göttliche Macht der Weltfürsorge aus, so die zweite die den Tod überwindende Macht der Menschenliebe, die Gott mit dem Menschen vereinigt. Hier gibt es keine Gegensatzmetaphorik mehr, wie es sie auch in der anderen „Gottesstrophe" nicht gab; alles ist bestimmt von Entsprechung, Einigung und Gemäßheit. Auch der Bildbereich des Wohnens wird hier für das neue Leben in Anspruch genommen mit der Metapher vom *Haus der ew'gen Wonne*, in dem der Wandernde wohnen will. Nur eine kurze Negation erinnert noch einmal an den früheren Zustand: *Immer wohnen* will er in seinem *Erbteil – nicht nur als ein Gast* (12/14,1.2.8). Jedoch: So gewiss auch die beiden Gottesstrophen von der Weltherrschaft des

Schöpfers und der Menschenliebe des Neuschöpfers sprechen, so deutlich geben sie doch auch zu verstehen – nämlich durch das zweifache, Zukunft setzende *Da will ich* … –, dass jene Herrschaft im Raum der Welt, diese Liebe in der Zeit noch nicht vollendet ist. Zwar ist kein Zwiespalt in Gottes Willen und Tun, wohl aber ein bleibender Konflikt zwischen diesen und der Welt und dem Ich. Es kann als Besonderheit dieses Sterbetrostliedes gedeutet werden, dass es die Widersprüche zwischen Welt und Himmel, Gastsein und Immer-Wohnen – also Zeit und Ewigkeit – weder übergeht noch aufzulösen versucht, sondern sie ehrlich, überzeugend – und tröstlich benennt. Die Heimat ist im Glauben und in der poetischen Rede geschaut, aber noch nicht erreicht. Der Wandernde bleibt *ein Gast auf Erden*, aber einer, der weiß, wo er bleibt.

ELKE AXMACHER